INTRODUCTION

C'est la crise. Ça, nous le savons. Tandis que nos gouvernements s'emploient à sauver un système financier à l'agonie, les responsables de la récession peaufinent les plans sociaux qui permettront une redistribution équitable des aides publiques exceptionnelles aux actionnaires et aux patrons. Pendant ce temps, dans les *open space* et les bureaux des entreprises, on se regarde en chiens de faïence : qui fera partie de la prochaine « charrette » ? Qui sera le prochain à faire ses cartons avant d'aller faire la queue au Pôle emploi ?

Les auteurs du présent ouvrage ont décidé de dire stop. Spécialistes de la promotion interne facile et de la glande à haut rendement, ces Robins des bois des temps modernes ont décidé de voler au secours des salariés en plein marasme. Ils ont pris sur leur temps de RTT pour rassembler tout leur savoir-faire en matière de sauvegarde des jobs, de vos jobs. Une somme organisée de techniques de pointe, scientifiquement éprouvées par les plus grands experts nationaux, internationaux, voire intergalactiques, et enrichies d'exemples et d'astuces vraiment bien vus.

Dans ces pages, vous explorerez les arcanes de l'inflation verbale, vous assimilerez les stratégies les plus pointues d'Irrédentisme de Survie Professionnelle (ISP), vous découvrirez les mystères de l'art subtil de la guerre en *open space*. Autant de méthodes aussi rigoureuses qu'implacables qui vous permettront, alors que chacun tremble pour son boulot, non seulement de garder le vôtre, mais même, le cas échéant, de monter en grade et d'accéder aux postes suprêmes. Le tout sans vous fouler, au nez et à la barbe de vos collègues et concurrents.

Un ouvrage d'utilité privée qui permettra à chacun de garder son emploi et de laisser passer l'orage, installé bien au chaud entre le local de la photocopieuse et la machine à café.

COMMENT GLANDER
AU BUREAU
EN PASSANT POUR UN PRO
et autres techniques de survie en entreprise

ISBN : 978-2-253-16622-1 – 1re publication LGF

GUY SOLENN & ALEXANDRE CIVICO

COMMENT GLANDER
AU BUREAU
EN PASSANT POUR UN PRO
et autres techniques de survie en entreprise

PREMIÈRE PARTIE

COMMUNICATION : AUTOPROMOTION
ET PUBLICITÉ DÉGUISÉE

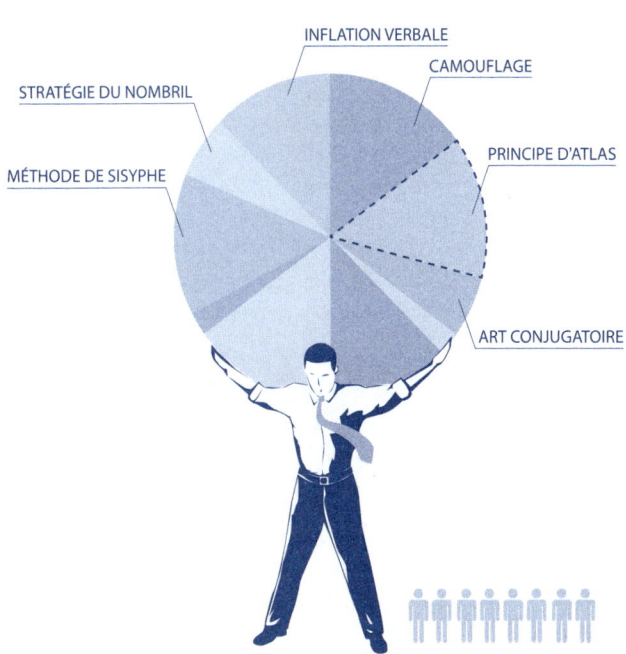

INFLATION VERBALE

CAMOUFLAGE

STRATÉGIE DU NOMBRIL

PRINCIPE D'ATLAS

MÉTHODE DE SISYPHE

ART CONJUGATOIRE

Dans une entreprise, quoi de plus essentiel que la communication ? Si ce n'était pas le cas, à quoi serviraient toutes ces réunions interminables ponctuées de diapositives moches ? D'ailleurs, regardez autour de vous : ceux qui ont obtenu de l'avancement, ceux qui sont devenus chefs, comment y sont-ils arrivés ? En faisant leur propre promotion, en faisant de la moindre action une publicité déguisée pour eux-mêmes. Bref, en COMMUNIQUANT. Sachez vous vendre. Le verbe doit devenir votre principal atout. Prenez exemple sur les hommes politiques, capables de se promouvoir comme de la pâte dentifrice, même s'ils n'ont rien à dire ni à proposer. Soyez votre propre pâte dentifrice. Suivez les conseils qui suivent et apprenez à vous mettre en valeur.

CHAPITRE UN

TECHNIQUE DE LA PIÈCE MAÎTRESSE
ou comment avoir l'air indispensable même si vous êtes en charge du placard à balais

« Une entreprise, c'est avant tout une grande aventure humaine. »

J.-P. Lefourbe, chef d'entreprise.

« Être manager, c'est d'abord savoir gérer des talents. »

A. Fauderche, directeur de filiale.

« Une entreprise, ce n'est pas un capital. Ce n'est pas un chiffre d'affaires. Ce n'est pas une machine à cracher des dividendes. Non. Une entreprise, c'est d'abord des femmes et des hommes. »

G. Lefélon Dutraître, banquier d'affaires.

Ces propos rassurants, qui abondent dans les manuels de management et autres pages saumon de la presse, vous auront sans doute mieux convaincu que de longs discours : les **êtres humains** sont le problème n° 1 de l'**entreprise**. Son poil à gratter, sa pomme de discorde. L'humain, c'est au mieux des difficultés, au pire des problèmes. En général, des complications. C'est le grain de sable dans les rouages, le cancer qui ronge les profits. Bref, une calamité. Le salarié est une plaie ouverte dans la fière poitrine du capital, une plaie qui ne se soigne qu'à grand renfort de charrettes et autres plans sociaux.

Voilà pourquoi les entreprises se sont dotées de directions des ressources humaines. La DRH est à l'entreprise ce que la collecte des ordures ménagères est à une collectivité locale. Ça pue, mais il faut bien que quelqu'un s'en occupe.

Voilà donc le contexte dans lequel VOUS vous efforcez de survivre. Votre **position** au sein de l'entreprise n'est pas des plus reluisantes. Et si vous avez l'impression qu'elle l'est, vous pouvez numéroter vos abattis : rien n'apparaît plus odieux à l'entreprise que quelqu'un qui s'y trouve à son aise. Car il pourrait être tenté de s'éterniser... Ce job vous rend peut-être malheureux, hypocondriaque et dépressif, mais vous voulez, pardon, vous DEVEZ le garder, car il vous sert à entretenir d'autres entreprises, banques, constructeurs automobiles, compagnies pétrolières, agents immobiliers, assureurs, grande distribution et autres « aventures humaines » qui licencient vos copains et parents.

Or, vous sentez bien que vous seriez aisément remplaçable. Remplaçable par un autre salarié qui ferait votre boulot en plus du sien. Remplaçable par une machine. Remplaçable par un stagiaire. Étudions plus en détail les avantages comparatifs de ces trois entités qui vous font concurrence :

Avantages comparatifs de la machine

– Elle est plus performante que vous
– Elle ne fait pas de pause-déjeuner, ni de pause-pipi, ni de pause-café
– Elle ne demande pas de revalorisation de salaire en fin d'année
– Quand elle est malade, c'est toujours la faute de quelqu'un, et pas celle d'un bête microbe impossible à licencier

---

Avantages comparatifs de l'autre salarié qui ferait votre boulot en plus du sien

— Il fait le boulot de deux personnes pour un seul salaire
— Il n'a pas le temps de faire de pause-déjeuner, ni de pause-pipi, ni de pause-café
— Il meurt rapidement, ce qui permet de faire l'économie de ses indemnités de licenciement

Avantages comparatifs du stagiaire

— N'ayant pas de salaire, il ne coûte rien ou presque (il a néanmoins tendance à déjeuner, faire pipi et boire des cafés plus que la moyenne)
— S'il s'avise de faire une boulette, on peut le dégager avec fracas, mais sans pertes
— Il suffit de lui faire miroiter une éventuelle embauche à l'issue de son stage pour qu'il galope, l'imbécile

Vous l'avez compris, vous êtes comme la baleine pygmée, l'ours polaire, le pélican frisé, le kagou huppé ou le crapaud rouge de Madagascar : une espèce menacée. Ayant fait ce constat, ne vous laissez pas aller. Et n'allez pas tomber dans l'apathie comme le paresseux à crinière ou dans la plainte comme le lamantin d'Amazonie. Ne devenez pas agressif comme le wombat à nez poilu. Vous devez réagir, et devenir votre propre espèce protégée.

Développement durable et développement du râble

Dans votre volonté de résister et dans votre lutte pour la survie, chercher à toujours faire mieux et à vous endurcir ne mène nulle part. Vous n'êtes vétéran d'aucune guerre, et rien ne vous a préparé à vivre l'enfer. À trop endurer, vous finirez par craquer. Ce dont vous avez besoin n'est pas du courage, ni même de l'intelligence, encore moins de la compétence. Ce qu'il vous faut, c'est de la **tactique**.

Pour assurer votre développement durable, vous devez impérativement vous rendre indispensable. Vous devez être incontournable, inévitable, présent partout et pour tout. Vous devez être la clé de tout. Sans vous, l'entreprise doit être comme un avion sans ailes, comme un skieur sans neige, comme un apéro sans pastis.

Nota :

Il est évident que vous ne serez jamais véritablement indispensable, puisque, en tant qu'être humain, vous êtes pour l'entreprise un parasite qu'elle cherche à éliminer. Mais, comme nous aurons l'occasion de l'étudier, tout réside dans les apparences. Il vous faut à tout prix imposer à tous le sentiment que vous êtes un rouage essentiel au bon fonctionnement de votre société. Des techniques simples existent, qui ont été éprouvées au sommet de l'État.

Préambule :
étude de la structure décisionnelle fractale de l'entreprise

Pour effectuer un positionnement réussi qui vous rende indispensable (et donc difficilement expulsable), vous devez avoir bien à l'esprit la structure décisionnelle et opérationnelle de l'entreprise. Une structure qui est, comme chacun sait, éminemment verticale. Mais vous devez pousser plus loin votre analyse. Les schémas ci-après faciliteront votre compréhension.

Nota :
Les structures décisionnelle et opérationnelle de l'entreprise coexistent et fonctionnent en miroir. Elles ne cessent de correspondre, ce qui rend votre tâche à la fois plus compliquée et plus réalisable. Par ailleurs, ce sont des systèmes fractals : cela signifie qu'elles fonctionnent de la même manière quelle que soit l'échelle à laquelle on se situe, celle d'un petit tronçon d'*open space* hiérarchisé aussi bien que celle d'un vaste consortium multinational.

Observons d'abord le processus suivant lequel l'idée (nécessairement géniale) d'un patron ou d'un chef se transmet et s'atomise à travers la hiérarchie pour se convertir en ennuis pour des milliers de subalternes :

Figure n° 1 :
Structure décisionnelle fractale de l'entreprise

À présent, considérons de quelle manière l'exécution des basses tâches s'effectue et se reconsolide en remontant dans la hiérarchie pour devenir un profit qui parvient à être opulent en dépit des problèmes de ressources humaines rencontrés tout au long de la chaîne de responsabilité.

Figure n° 2 :
Structure opérationnelle fractale de l'entreprise

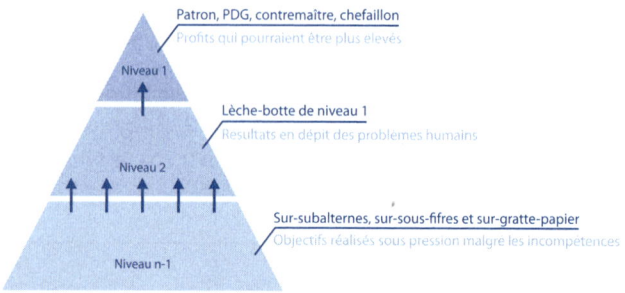

Si vous posez sur les schémas ci-dessus un regard suffisamment stratégique, vous y découvrirez la masse d'opportunités que recèlent les chaînes de responsabilité régissant la vie de l'entreprise. Regardez-les bien et dites-vous ceci : *vous devez vous positionner dans le sens contraire des flèches*. À savoir :

1) Vous œuvrez toujours pour la réalisation du grand dessein du PDG (ou du directeur régional, ou du chefaillon départemental).
2) Son grand dessein est un peu le vôtre, voire, en exagérant un tantinet, entièrement le vôtre.
3) Vous agissez en dépit de l'incompétence de vos subalternes.

4) Malgré la résistance crasse qu'ils vous opposent (vous pouvez aussi accuser la conjoncture), vous parvenez à réaliser des résultats inattendus.

Aussi, vous êtes une pièce maîtresse du service, du département, de l'entreprise. Un rouage indispensable du grand tout. Sans vous, ça ne pourrait pas fonctionner. Aussi rébarbative, répétitive, abrutissante et même avilissante que soit votre tâche, si vous n'étiez pas là pour l'accomplir, tout irait à vau-l'eau.

Le principe d'Atlas
ou comment porter à soi tout seul
tout le poids de l'entreprise

Tel Atlas, le Titan de la mythologie grecque, le monde entier repose sur vos épaules. Vous savez bien que ce n'est pas vrai, mais la mythologie grecque n'est pas vraie non plus, et cela ne l'empêche pas d'être mise à toutes les sauces (*cf.* les philosophes, Freud et même les fabricants de bagnoles). L'important, c'est le mythe. Vous devez créer le vôtre, ce qui passe par un travail intensif de communication.

Cinq phrases clés qui vous mettront sur la piste

- « *J'ai réévalué nos objectifs, car nous allions droit dans le mur.* »
- « *Je pense qu'il est impératif de tirer toutes les conséquences de la conjoncture actuelle.* »
- « *Je suis prêt à mettre 100 millions d'euros sur la table, reste à savoir si la direction osera me suivre.* »

> • *« Je n'ai pas peur des objectifs ambitieux, mais je suggère que nous nous donnions les moyens de les atteindre. »*
> • *« Le président-directeur général a annoncé une réévaluation des besoins au conseil d'administration du groupe, et j'approuve entièrement sa démarche. »*

Chaque prise de parole, même la plus anodine, est une occasion de vous faire mousser. Ne vous flinguez pas vous-même en disant des trucs inutiles, comme ce que vous ressentez vraiment. Au contraire, travaillez votre image. À cet effet, les situations les plus désespérées peuvent être mises à profit. Suivez l'exemple de ces quelques cas d'école.

Cas d'école n° 1

Vous êtes en train d'enquiller 2 500 photocopies qu'il faudra ensuite assembler et relier, puis distribuer à 65 collaborateurs qui n'auront pas le temps de les lire et qui d'ailleurs s'en foutent. Un collègue vous regarde, narquois. « Tu fais quoi, là ? » demande-t-il, avide de se consoler de sa propre infortune en raillant la vôtre.

Ne répondez pas :
« Pff, je suis en train d'enquiller 2 500 photocopies qu'il faudra ensuite assembler et relier, puis distribuer à 65 collaborateurs qui n'auront pas le temps de les lire et qui d'ailleurs s'en foutent ! La galère ! »
Mais répondez :
« Ce rapport d'analyse va circuler dans toute la boîte. Le PDG l'aura entre les mains demain matin. Je préfère prendre un peu de mon temps, quitte à faire des heures sup, pour m'assurer que le travail sera bien fait. »

Cas d'école n° 2

Accoudé devant votre ordinateur, les yeux plissés par la douleur et l'ennui, vous combattez votre migraine en vous massant les tempes. À l'écran, d'interminables colonnes de chiffres qui, si vous y compreniez quelque chose, n'en seraient pas moins ennuyeux. Un collègue vous regarde, narquois. « Tu fais quoi, là ? » demande-t-il, avide de se consoler de sa propre infortune en raillant la vôtre.

Ne répondez pas :
« Pff, c'est encore Robert Kissoul qui m'a refilé tout le sale boulot qu'il ne veut pas faire ! La galère ! »
Mais répondez :
« Je suis sur le dossier Monopoly&Trust. Je file un coup de main à Kissoul pour optimiser son modèle de fusion-acquisition. C'est une affaire confidentielle et délicate. On optimise le temps passé sur le dossier, et, en compartimentant, on évite les fuites. »

Nota :
Une stratégie de communication réussie doit être mise en œuvre progressivement. N'en faites pas trop, et évitez d'attirer sur vous les quolibets et les moqueries. Si vous appliquez le principe d'Atlas avec suffisamment de finesse, vous ne tarderez pas à déceler une forme de sourde jalousie dans le regard de vos collègues. Jalousie qu'il faudra apprendre à gérer. Nous verrons comment faire dans un chapitre ultérieur.

L'art conjugatoire ou comment se rendre maître du « je »

La route est longue avant d'atteindre les sommets et de pouvoir installer son arrière-train banalement humain sur le trône du plus haut prestige. Il n'est que lorsqu'on a décroché l'ultime timbale qu'on peut s'autoriser, en toutes circonstances, une autosatisfaction de mauvais aloi et un égocentrisme forcené caractérisé par un « moi, je » inaltérable et faraud.

Mais avant cela, prudence. Il faut faire très attention à ce qu'on dit. Un « je » n'est pas un « nous ». Et l'utilisation du singulier ou du pluriel est, à chaque fois que l'on prend la parole, un exercice subtil et délicat. Un contrôle parfait de l'art conjugatoire est indispensable si l'on espère arriver à ses fins avant d'arriver à sa fin.

• De façon générale, le « **je** » vous sert à vous mettre en scène, à valoriser votre travail (ou celui que vos stagiaires ont fait en votre nom) et à gommer l'intervention de votre hiérarchie.
• Quant au « **nous** », il est fort utile pour vous approprier les bons résultats de votre société (surtout que vous n'y êtes pour rien), ainsi que l'initiative des projets couronnés de succès (auxquels vous n'avez pas pris part).
• Une mention particulière pour le « **ils** », très pratique pour refiler les patates chaudes à vos collaborateurs et leur imposer vos décisions iniques en vous défaussant sur les directives imposées par la direction.

La stratégie du nombril ou comment être à l'origine de tout

Cette stratégie demande pas mal d'inactivité. Néanmoins, votre sot métier ne vous demandant pas beaucoup d'attention, vous avez l'esprit suffisamment disponible pour la mettre en œuvre. Elle vous demandera cependant de renoncer à la sieste postprandiale, celle que vous faites discrètement (ne haussez pas les sourcils, on ne nous la fait pas) en début d'après-midi, lorsque la choucroute savoyarde de la cantine vous est un peu restée sur l'estomac.

La stratégie du nombril requiert une bonne capacité d'écoute, voire une certaine pratique de l'espionnage. Il s'agit d'avoir toujours une oreille qui traîne et de consacrer une partie de votre temps de travail à recueillir des informations qui vous aideront non pas à travailler, mais à parler du travail que les autres accomplissent pendant que vous glandez.

Bavardez, écoutez et enregistrez. Ralentissez le pas lorsque vous croisez des décideurs en train de parler boulot. Attardez-vous derrière les portes des salles de réunion. Fouinez, mais sans en avoir l'air. Ce que vous cherchez à connaître : tout ce qui concerne l'entreprise, nouvelles orientations, stratégies mises en œuvre, responsables sur le point de se faire dégager, problèmes, difficultés, emmerdes. À la cantine, veillez à vous installer juste derrière votre chef de service, surtout s'il déjeune avec des pontes. Tout en dégustant votre riz aux pâtes sauce Béchamel, saisissez au vol toutes les infos qu'ils échangent.

« Nous sommes sur le point de recalibrer significativement le dossier Monopoly&Trust. Vu le contexte morose sur le marché des intrants, il serait hasardeux de se lancer dans une opération de cette envergure. Il y a un risque important de cannibalisation. »

Vous n'y comprenez rien ? Aucune importance. Retenez la phrase, si possible dans le bon ordre, et n'hésitez pas à la distiller autour de vous, par bribes et avec des airs de mystère. Si d'aventure l'un de vos collègues, plus honnête que vous, reconnaît qu'il n'y comprend rien, ne vous privez pas de lever les yeux au ciel avec une mimique contrariée.

De même, lorsque ledit chef de service vous convoquera pour vous hurler des consignes, glissez-lui d'un air entendu :

« J'imagine que tout cela est en rapport avec la réorientation du dossier Monopoly&Trust ? »

Si le regard du chef se mue en point d'interrogation, n'hésitez pas à pousser votre avantage :

« Je n'aime pas être celui qui apporte les mauvaises nouvelles, mais je ne regrette pas d'avoir anticipé que la baisse des marchés aurait une répercussion sur nos actifs. Je suis heureux qu'on m'ait suivi dans cette affaire, sans quoi, c'était le crash programmé ! »

La méthode Sisyphe ou inventez des difficultés que vous saurez résoudre

Il est extrêmement important que vous rencontriez des difficultés dans votre travail quotidien. En effet, si vous vous acquittez des tâches qui vous incombent machinalement et avec le sourire, vous risquez de passer pour quelqu'un dont le travail est facile, donc faisable par n'importe qui. Même si c'est parfaitement exact, cela ne doit ni se voir, ni se savoir.

Aussi, prenez l'air préoccupé dès que vous quittez votre bureau, et surtout quand vous passez devant celui de vos supérieurs. Si l'on vous demande ce qui ne va pas, ne prenez pas un air accablé (cela pourrait signifier que vous redoutez les complications et n'aimez pas les affronter), mais dites plutôt, le ton professionnel et la voix pondérée, style « tout est sous contrôle » : *« Nous avons quelques soucis avec le projet Desbricks&Desplacks. Ça me travaille pas mal, mais c'est passionnant et challengeant. J'ai dû revoir entièrement mon approche du dossier, mais à présent je vois le bout du tunnel. »*

Cette technique est efficace, mais il faut se garder d'en abuser. Vous ne devez l'appliquer qu'avec parcimonie, car vous pourriez donner l'impression que vous êtes du genre à vous noyer dans un verre d'eau. Néanmoins, aussitôt la « difficulté » résolue, commencez à réfléchir à la prochaine. L'anticipation vous permettra de communiquer par petites touches, plutôt qu'avec de gros sabots. Donc, tel Sisyphe poussant son rocher au sommet d'une colline puis le laissant bêtement rouler au bas de la pente avant de recommencer à zéro, donnez toujours le sentiment que vous êtes affairé, soucieux, pénétré.

Point méthodologique : faites des essais devant votre glace

• air pénétré : plissez légèrement les yeux, cela donnera de la profondeur à votre regard ;
• air soucieux : froncez les sourcils, mais pas trop. Exercice délicat, vous ne devez pas avoir l'air de mauvaise humeur ;
• air affairé : travaillez votre démarche, rapide mais assurée. Munissez-vous d'un dossier que vous mettez sous votre bras.

CHAPITRE 2

L'INFLATION VERBALE
ou l'art de faire prendre des vessies pour des lustres versaillais

Comme vous l'avez sans doute compris, la vie de bureau repose sur une chose essentielle : **le langage**. Contrairement à ce que l'on pourrait croire, les inventions successives du microprocesseur, de l'imprimante, de l'écran tactile et du BlackBerry ont beau faciliter considérablement le travail de bureau, et donc l'exploitation de la masse des subordonnés, elles ne changeront jamais rien à la problématique incontournable du langage. Ce rapide questionnaire devrait vous en convaincre mieux qu'une longue théorie.

Questionnaire préliminaire

1) Vous venez de perdre un appel d'offres de 2 millions d'euros, remporté par Boulet SA, votre concurrent direct. Vous vous exclamez :

a) *« Cornebleu, l'ennemi vient d'infliger à nos troupes une cuisante défaite ! »*

b) *« Oah les enf***, ils nous l'ont m*** profonde, ces gros boulets ! »*

c) *« Bien que l'ensemble de l'équipe n'ait pas ménagé sa peine sur ce dossier, notre proposition n'a pas été retenue, la concurrence disposant d'une expertise qui leur conférait un indispensable avantage compétitif. »*

2) Vous devez quitter une réunion pour aller soulager une envie pressante qui ne peut plus attendre.

a) Vous vous levez en déclarant à la cantonade : « *J'reviens de suite, les gars, faut qu'j'aille faire pleurer le skin.* »

b) Vous levez le doigt et demandez poliment au directeur général de la branche : « *À quelle heure aura lieu la pause-pipi ?* »

c) Vous vous levez en regardant votre montre, l'air grave, attrapez un dossier et déclarez : « *Messieurs, si vous m'autorisez à m'absenter quelques minutes, les chiffres actualisés en base annuelle ont dû être publiés, je propose de vous en fournir sans délai une analyse, ce qui permettra d'éviter que cette réunion soit non conclusive.* »

3) Dans les couloirs, vous entendez une voix s'exclamer : « Ouais, j'viens récupérer les trucs juridiques du dossier, là, celui à propos du gros projet, j'sais plus comment y s'appelle, c'est pour ma tatie, je veux dire la chef des exportations à l'étranger… » À votre avis, cette personne est :

a) Le chef du bureau d'études juridiques qui revient d'un déjeuner arrosé.

b) Une fillette pleine de bravoure qui, du haut de ses 10 ans, a décidé de participer courageusement, et dans la limite de ses faibles moyens, à l'effort productif national, et ce au mépris des lois qui, rappelons-le, interdisent formellement le travail des enfants.

c) Le stagiaire pistonné par la directrice export, qui ne devrait commencer à se réveiller que vers 16 heures, avant de partir en soirée vers 16 h 15.

Ces quelques exemples vous ont-ils convaincu ? Vous constaterez de vous-même que nous ne donnons pas ici les réponses. Si celles-ci ne s'imposent pas dès la première lecture, vous gagnerez du temps en prenant d'ores et déjà contact avec le Pôle emploi, qui saura vous orienter vers un poste adapté à vos capacités.

Le langage, c'est un élément indispensable de la communication en entreprise. Si vous n'êtes pas extrêmement attentif à ce sujet, vous vous exposez au manque de confiance, à l'isolement, voire à la placardisation avant expulsion. En règle générale, ceux qui tiennent un minimum à leur emploi (ce qui exclut donc les enfants de 10 ans et les stagiaires pistonnés) acquièrent rapidement la base de vocabulaire qui permet de communiquer efficacement. C'est probablement votre cas. Mais vous devez aller plus loin. Vous devez faire du langage votre meilleur atout. Aucune expression à la mode, aucune formulation valorisante ne doit vous échapper. Vous ne devez jamais vous autoriser le moindre relâchement, la moindre phrase qui ne soit pas en même temps une façon de communiquer sur votre importance et l'importance de ce que vous faites. Prenez exemple sur les professionnels du genre. Il y en a forcément dans votre entreprise, et ils sont faciles à repérer : ils sont en général devenus directeurs opérationnels avant 30 ans.

Conseils méthodologiques

Savoir ampouler ses phrases est un véritable apprentissage. Pour vous aider, élaborez vous-même vos propres outils pédagogiques.

• Équipez-vous d'un petit carnet sur lequel vous dessinerez une ampoule (moyen mnémotechnique qui vous évitera de vous faire démasquer par vos collègues au cas où le carnet s'échapperait de votre sac), et dans lequel vous consignerez toutes les formulations pompeuses à souhait qui feraient prendre des vessies pour des lustres versaillais, et dont vous avez remarqué qu'elles font leur petit effet sur les directeurs et autres responsables. Le soir, faites des révisions avant de dormir.

• Effectuez quelques travaux pratiques auprès de proches afin de tester vos progrès. Essayez d'abord avec le chien, qui sera toujours ravi de vous écouter et ne ricanera jamais. Puis avec votre belle-mère, qui, en cas d'échec, ne pourra pas vous haïr plus qu'elle ne le fait déjà. Enfin, avec votre

---

conjoint(e) : lorsque vous aurez réussi à faire passer un samedi de glandouille à la maison pour un après-midi cocooning en amoureux, vous serez mûr pour la transposition dans l'univers du bureau.

Dans un premier temps, vous prendrez le temps de bien tourner votre phrase dans votre tête avant de la formuler. Cependant, **attention** : si vos formulations semblent artificielles ou si vous mettez des heures à en accoucher, cette méthode peut s'avérer contre-productive. Tant que vous n'avez pas une parfaite maîtrise de la méthode de l'inflation verbale, vous ne devez l'utiliser qu'avec parcimonie.

L'inflation verbale, quelques exemples qui vous guideront

Ne dites pas :
« J'vous rappelle quand j'en saurai plus. »
Mais dites :
« Je reviens vers vous dès que j'ai décroché une proposition qui fait sens. »

Ne dites pas :
« J'ai croisé le chef de l'intendance à la machine à café, et je peux te dire que je lui ai taillé un costard à propos de l'ampoule qui clignote dans l'entrée depuis deux mois. »
Mais dites :
« J'ai convoqué le directeur des approvisionnements pour une réunion informelle, et nous avons examiné ensemble un projet de financement en vue du remplacement des équipements collectifs périmés de l'établissement. »

Ne dites pas :
« On a des saucisses ou des nouilles, il reste peut-être un jambon-beurre quelque part. Les boissons, c'est 5 euros, et y a de la compote en dessert. »

> **Mais dites :**
> *« Vous vous laisserez peut-être tenter par notre sélection de plats chauds ou notre gamme de snacks frais, que vous pourrez accompagner d'une boisson chaude ou froide. En dessert, nous vous proposons notre douceur du jour, la tarte Tatin du chef et sa crème fouettée maison. »*

Une fois votre apprentissage de l'inflation verbale achevé, et avec un peu de pratique, vous serez en mesure de fabriquer vous-même vos propres formules, adaptables à toutes les circonstances.

Néanmoins, afin de vous *donner de la visibilité* et de ne pas vous *vendre du rêve*, nous avons décidé d'*appuyer sur le turbo* et de vous fournir un *programme de training clés en main* qui vous *incentivera* et vous garantira un résultat *impactant*. Un programme très *challengeant* mais sur lequel les *retours d'expérience* confirment qu'il permet d'assurer le *set up* et le *run*, et vous aidera à être *fast-tracké*, c'est-à-dire promu plus vite que la moyenne.

Vous l'avez compris, le programme de training a déjà commencé…

L'inflation verbale maîtrisée : programme de training

Notre programme de training vous donne des clés lexicales d'inflation langagière pour chaque moment significatif d'une journée type. Lorsque vous maîtriserez le cycle lexical complet, vous pourrez *upgrader* vous-même votre langage et devenir une enflure de plus en plus *efficiente*.

1) 8 h 15 : vous croisez Francis Veau, le boulet du *back-office*, dès la sortie du métro ou l'entrée du parking. Vous êtes mal réveillé. Cette rencontre vous contrarie car il va falloir marcher avec le Veau, et même lui parler, jusqu'à la tour de bureaux.

=> Au lieu de vous apitoyer sur votre sort, vous en profitez pour échauffer votre enflure lexicale. Lorsqu'il vous demande comment ça va, vous répondez :
« Surmené, mais motivé ! J'ai plusieurs projets *dans les tuyaux*, avec des *deadlines** très serrées. Mais on va s'en sortir, j'ai mis la pression à mes équipes. Notre *open space, c'est la Silicon Valley* ! Allez, bonne journée, Francis ! »

---

*) *Deadline* : date limite.

---

2) 8 h 20 : dans l'ascenseur, vous vous retrouvez nez à nez avec Mélusine Pifunelle (dont vous ne savez rien sinon qu'elle bavarde même quand elle dort et qu'elle semble vous connaître mieux que votre propre mère), ainsi qu'avec le chef comptable qui vous passait un savon hier encore pour des irrégularités inacceptables que vous aviez lamentablement laissé passer. Tous trois avez les yeux cernés et le visage blafard, mais il y a trente-sept étages à passer : il faut parler.

=> Seule l'inflation verbale vous permettra de faire passer ce moment difficile. Servez-vous-en pour vous faire un peu mousser. Vous parlez à la Pifunelle mais, bien sûr, c'est le chef comptable qui doit vous entendre.
« Ces derniers temps, la direction des projets a *chargé la mule. Tout le monde est sur le pont.* On est complètement *sous l'eau.* Pour le prébudget et le deuxième réestimé, on a

dû *réagir à la volée*. Si on continue dans cette voie, c'est le *crash programmé*! »

3) 9 h 00, 10 h 00, 11 h 00, 14 h 00, 15 h 00, etc. : à la machine à café, vous tombez sur toutes les gueules qui ne vous reviennent pas, ainsi que sur votre chef, qui a l'air de penser que vous glandez autant que lui.

=> La solution est toute trouvée : un petit coup d'inflation verbale! Le café est le meilleur moment de la journée, ne le laissez pas gâcher par les fâcheux. Exclamez-vous :

« J'ai bien besoin de prendre un *jus*! C'est pas tous les jours qu'on finalise un projet à 700 *cœurs** ! »

Puis, évoquant la réunion que vous devez préparer : « Je vous laisse, faut que j'aille *pisser du slide*, j'ai une *préz*** cet après-midi. Je dois la *boucler ASAP****. »

---

*) *Cœurs* : comprenez kEur, c'est-à-dire milliers d'euros. En l'espèce, 700 000 euros.

**) *Préz* : présentation. Une *préz* se fait généralement en PowerPoint, c'est-à-dire grâce à une série de *slides* (diapositives).

***) *ASAP* : *As soon as possible*. Le plus vite possible, quoi.

---

4) 10 h 30 : réunion prospection marché, secteur *subprimes*. Les chiffres sont mauvais. Vous devez prendre la parole. Comme vous savez que la crise est systémique et que vous n'y pouvez strictement rien, vous devez gagner du temps et avoir l'air de vous démener dans tous les sens. À cet effet, l'inflation verbale vous sera d'un grand secours :

=> « D'emblée, je voudrais *taper du poing sur la table*. Avec ces *financements épais comme des queues de cerise*, notre département ne parviendra pas à *sortir de l'ornière*. Le problème fondamental, c'est la direction des projets qui a *des oursins dans les poches*. Trêve de *frilosité*! Il nous faut des *solutions innovantes*. Et l'innovation, *ça ne se trouve pas sous les sabots d'un cheval*. Je propose donc de lancer un tour de table, pour *explorer les différentes pistes de réflexion*. *À l'issue des consultations*, nous présenterons un *draft** à la direction sectorielle. Il va falloir *déplacer le curseur* si on veut avoir une chance de rester *dans les clous*. Sans un *train de mesures audacieuses*, on va *droit dans le mur*! »

---

*) *Draft* : avant-projet. Ne demandez pas ce que cela signifie, cela n'a pas d'importance.

---

5) 12 h 30 : déjeuner. Vous avez rendez-vous au restaurant d'entreprise avec tous vos concurrents directs, jeunes loups aux dents longues avec qui vous feignez d'être ami.
=> La situation est critique. Si vous ne vous montrez pas suffisamment enflé, vous êtes foutu. Mais dans toute difficulté, il y a une opportunité. Mettez-en plein la vue à cette bande de bras cassés, à grands coups de phrases chocs. Cela vous permettra de *faire du buzz* :
« Dur, dur, d'être un *high pot**! *Je suis vendu jusqu'à fin décembre*. Mais le *challenge* ne me fait pas peur. Cette *propal*** sur le *bench****, je la connais par cœur. J'aurai un *deal memo* fin prêt demain matin. C'est une enveloppe *énorme*. On parle de 700 kEuros.
C'est du lourd! »

---

*) *High pot* : pour *high potential*.
**) *Propal* : proposition. Une *propal* doit toujours être *innovante et compétitive*. Dans une négociation commerciale, il arrive qu'on ait à faire une *contre-propal* pour challenger un concurrent.
***) *Bench* : étude de marché. *Benchmarking* est un mot trop long, désormais désuet. Ne vous décrédibilisez pas en utilisant du vocabulaire ringard.

---

6) 14 h 15 : réunion clientèle. Le client que vous allez plumer ne doit pas s'en apercevoir. Il ne doit pas non plus savoir que toutes vos autres *vaches à lait* vous ont lâché pour la concurrence.

=> La clé : noyer le poisson en lui déballant vos plus belles boursouflures langagières :

« Notre entreprise *a les reins solides*. Nous *sommes en capacité* de vous *fournir une prestation complète*. Vous ne devez pas rester trop longtemps dans les *starting-blocks* : sur un marché aussi *concurrentiel* que le vôtre, *c'est toujours le primo-accédant qui gagne*. Je vous propose de rédiger ensemble *la cinématique des événements. Je reviendrai vers vous* dès que possible avec *une proposition chiffrée*. »

7) 16 heures : entretien de prise de contact avec un de vos sous-fifres – un exécutant de 56 ans, très pro mais dépressif et en instance de divorce – en vue de son licenciement.

=> Les gens simples ne doivent pas trop en savoir, mais ils ont besoin d'être rassurés. Votre lexique est une *boîte à outils* qui vous permet de faire passer en douceur la *substantifique moelle* de votre message.

« Mon cher Claude, nous connaissons votre attachement pour notre entreprise. Croyez-moi, je me suis battu pour vous, car je crois profondément en vos *potentialités* et je sais que je peux compter sur votre *expertise*. Mais comme vous le savez, *c'est la crise*. La *rigueur budgétaire* n'épargne personne, même pas moi. Vous n'imaginez pas les difficultés auxquelles je fais face. La direction a *taillé dans le vif,* et mon budget est *réduit à peau de chagrin*. Et forcément, il y a des *victimes collatérales*. Je me vois forcé et contraint de me passer de vos services. Néanmoins, je vous promets de rester *à l'écoute des opportunités* vous concernant. Non,

mon cher Claude, les prud'hommes ne sont pas une solution. N'allez pas compliquer une situation déjà fort difficile. Avec votre *expérience* et votre professionnalisme, je suis
convaincu que vous trouverez rapidement votre place dans
une nouvelle structure. Je ferai tout pour vous aider. Je suis
même prêt à signer une lettre de recommandation. »

**8) 19 heures : votre sous-fifre direct se lève pour prendre
ses affaires. Il semble sur le point de rentrer chez lui.**

=> Attention, il pourrait prendre un peu trop confiance. Ce
qui, à terme, n'est pas bon pour vous. D'ailleurs, vous-même
en avez bien bavé lorsque vous étiez sous-fifre. Il ne faut
pas laisser s'installer une situation délétère. Une fois de plus,
c'est le langage qui va venir à votre secours :
« Ah ! Christophe ! je ne pensais pas que tu *prendrais ton
après-midi* ! Je ne t'ai pas encore donné de *feedback** sur ton
memo** à propos du pilotage des implantations subsidiaires
au second semestre. Tu as un instant pour une *réunion informelle* ? »
Le teint soudain olivâtre, le subalterne prend place sur la
chaise inconfortable installée face à votre bureau. Si de la
sueur perle déjà sur son front, c'est que vous êtes sur la
bonne voie. Vous joignez les mains et soupirez longuement.
Devant vous, Christophe déglutit bruyamment, puis des-
serre un peu sa cravate. Vous reprenez :
« Christophe, je vais être franc avec toi, ce que tu as fait,
*ce n'est pas une analyse : c'est du journalisme. Ce n'est ni fait
ni à faire.* C'est de la *bouillie pour les chats.* Tu devrais *privilégier une approche top/down plutôt que bottom/up.* Et sois
créatif, bon sang ! De la *créativité*, c'est avant tout de cela que
nous avons besoin ! Quoi ? Tu as fait de ton mieux ? Mais
ton mieux, ce n'est pas assez ! Tant que tu continues dans cette
voie, tu ne me sers à rien. *Montre-moi ce que tu as dans le*

ventre. Il faut aller *à fond dans l'analyse*, et *prioriser la réactivité*. Tu vas me refaire ça, mais avec plus de *valeur ajoutée*. Cela dit, ne te mets pas trop la pression : je ne le veux sur mon bureau que lundi matin. Allez, bon week-end. »

---

*) *Feedback* : c'est ce qui finit par vous revenir lorsque vous soumettez un travail à quelqu'un. Rarement, on peut avoir un bon *feedback*. Généralement, un *feedback* prend la forme d'un boomerang, et fait mal.
**) *Memo* : sans é, parce que c'est de l'anglais ; un *memo* est un rapport, un compte rendu, quelque chose de généralement inutile commandé par quelqu'un qui veut se faire mousser.

---

9) 19 h 30 : vous téléphonez à votre meilleur ami dans la boîte (c'est-à-dire un collègue que vous tenez par ses petites fautes professionnelles autant qu'il vous tient par les vôtres) pour vous plaindre.

=> Ce n'est pas une raison pour vous relâcher. L'inflation verbale doit être votre seconde nature. Surtout lorsque vous vous plaignez :
« Je t'assure, j'étais à *200 %* sur ce *deal*, j'avais enchaîné les *nocturnes**, et voilà qu'un *partner*** me colle une *propal* à faire pour avant-hier, sous prétexte que je n'ai pas assez de *séniorité****. »

---

*) *Faire une nocturne* : rester au bureau pour bosser de nuit. Si vous avez le temps de vous en plaindre, c'est que vous êtes déjà un privilégié. De nos jours, les seuls qui ne fassent pas de *nocturnes*, ce sont les chômeurs.
**) *Partner* : dans certains métiers, on appelle *partners* ceux qui enchaînent les seniors managers, lesquels enchaînent les managers tout court. Quant aux *stagiers*, tout le monde les enchaîne.
***) La *séniorité*, c'est ce qui donne le droit d'*enchaîner* ceux qui sont moins seniors que vous.

---

10) 21 h 30 : après avoir lu les journaux et fait vos Sudoku, vous *shootez* une série de mails à différentes personnes pour prouver que vous étiez encore au bureau à cette heure avancée.

=> N'oubliez pas de truffer vos mails de formules qui rappelleront à tous qui vous êtes. Exemple :

« De : vous@esclavesassocies.com
À : sousfifre@esclavesassocies.com
CC : leboss@esclavesassocies.com

<u>Objet</u> : URGENT

Je n'ai toujours pas reçu de *memo* sur le dossier performances des chaînes de valeurs. J'en ai besoin *ASAP*, car je n'ai aucune *visibilité*.

Cdlt*. »

---

*) *Cdlt* : abréviation de « cordialement ». Parce que les mecs qui bossent vraiment ne perdent pas leur temps à écrire en toutes lettres des formules de politesse.

---

11) 21 h 45 : dans le hall d'entrée, vous croisez l'équipe de nuit des agents de propreté sans papiers qui est en train de prendre son quart.

=> Vous ne leur dites rien et feignez de ne pas les voir.

CHAPITRE 3

STRATÉGIE DE L'EMPLACEMENT
ou comment vous faire bien voir
sans être vu

Nous avons tous un besoin inaltérable d'**identité**. Pour exister parmi nos congénères, pour que nos frères humains nous accordent une petite place parmi eux, une identité, aussi marquée que possible mais compatible avec la société où nous prétendons nous épanouir, est absolument indispensable. La région d'origine, la nationalité, l'accent, la religion sont les marqueurs identitaires les plus fréquents, et d'ailleurs, s'ils n'ont pour vous aucune importance (être un humain vous suffit amplement pour savoir ce que vous êtes), ne doutez pas un instant que ceux qui vous côtoient auront toujours ces détails à l'esprit lorsqu'ils vous parleront ou parleront de vous. L'obsession ethnico-géographique n'est pas chose nouvelle, et les gens croient toujours vous connaître à partir du moment où ils savent d'où vous venez et quel dieu vous priez. Du reste, la plupart du temps, savoir d'où ils viennent et quel dieu ils prient leur suffit amplement pour se définir eux-mêmes.

Identité sonnante
et identité trébuchante

Bref, dans notre monde, l'**identité** est une question capitale. Des écrivains chevronnés n'ont de cesse de se pencher sur cette douloureuse question grâce à laquelle ils parviennent à noircir d'innombrables pages de romans (cas de l'identité sonnante). Il en va de même dans une entreprise que dans le reste de la société : pour exister, vous devez avoir une identité. Une identité bien à vous, un facteur grâce auquel chacun saura vous définir en quelques mots, ce qui permettra que chacun vous connaisse. Inutile de dire que les *identités infamantes* (ou trébuchantes) ne vous seront d'aucun secours.

Quelques exemples d'identités infamantes à éviter à tout prix

• « *Hier, j'ai eu une réunion avec* [votre nom], *tu sais, le type qui a planté le dossier Ponion&Thunes, l'an dernier…* »

• « *Hier, j'ai eu une réunion avec* [votre nom], *tu sais, le type dont la photo a circulé sur Facebook, l'an dernier, ivre mort et tout nu…* »

• « *Hier, j'ai eu une réunion avec* [votre nom], *tu sais, le type qui a planté tout le réseau informatique en essayant de télécharger un porno…* »

• « *Hier, j'ai eu une réunion avec* [votre nom], *tu sais, le type qui sent la vieille chaussette pas lavée et qui a une haleine de dromadaire. L'ho-rreur !* »

Vous construire une identité bien à vous est une tâche d'autant plus difficile que, *a priori*, vous êtes quelqu'un d'absolument **standard**, d'origine contrôlée, de mœurs on ne peut plus traditionnelles, que votre accent, si vous en avez un, fait partie des accents reconnus et tolérés en milieu bureaucratique, et que, enfin, aucune tare, handicap ou dysfonctionnement de quelque nature que ce soit n'entache votre génotype d'employé modèle. Vous vous demandez peut-être comment nous avons pu collecter des informations aussi précises sur notre lectorat. Eh bien, la réponse est simple : ce livre s'adresse aux personnes qui ont un emploi. En poussant notre analyse un peu plus loin, nous pourrions ajouter que vous n'êtes probablement pas un jeune de moins de 25 ans, que vous n'avez très certainement pas dépassé la cinquantaine, et que vous n'avez qu'une chance sur trois d'être une femme.

Standard comme vous l'êtes, difficile de vous construire une identité bien à vous. Pourtant, certains y parviennent avec une facilité déconcertante. C'est notamment le cas des délégués syndicaux, des secrétaires acariâtres et de la bombe atomique du service juridique.

Mais un exemple parmi tous les autres est à étudier minutieusement, car il livre un certain nombre de clés : il s'agit de l'informaticien.

L'informaticien ou le protocole d'omni-absence

Premier constat, qui parle de lui-même : lorsque nous évoquons l'informaticien, vous voyez tout de suite de qui il s'agit. Un type au look immuable et improbable, généralement porteur d'une queue-de-cheval, voire de dreadlocks, de la jungle desquels émergent les écouteurs géants d'un appareillage sonore ultra-high-tech, et qui, dans les petits matins glacés d'hiver, arrive au travail en T-shirt, foulant de ses baskets nonchalantes les congères et autres flaques où les cadres encravatés salopent leurs bottines vernies. Ce type que rien ne semble pouvoir atteindre, que rien ne semble pouvoir brusquer, et qui est supposé résoudre vos PROBLÈMES D'ORDINATEUR.

Ce type, vous voyez très bien qui c'est. Pourtant, vous souvenez-vous, une seule fois dans toute votre carrière, lorsque vous vous êtes pointé en catastrophe au service informatique parce que vous veniez de lancer involontairement le processus de formatage du serveur de votre service en essayant de peindre en orange votre compte rendu d'activité semestriel, vous souvenez-vous, une seule et unique fois, d'avoir trouvé un informaticien *à son poste* ? Dans ce service communément appelé « service informatique », où l'informaticien dispose d'un bureau, d'un fauteuil confortable et d'un parc informatique entier pour assouvir à longueur d'année sa passion dévorante pour les 1 et les 0, pouvez-vous affirmer être jamais tombé sur ledit informaticien ? Le « service informatique » n'est-il pas le seul et unique lieu de l'entreprise où vous n'avez jamais, au grand jamais, croisé un informaticien ?

En réalité, tout employé de bureau expérimenté sait exactement où il doit se rendre en priorité lorsqu'il est à la recherche d'un informaticien : à la machine à café.

Les informaticiens disposent d'une identité forte. Une identité qui ne leur est conférée ni par leur compétence, ni par leur utilité, mais simplement par leur situation géographico-technico-stratégique dans l'entreprise. Un ensemble complexe de paramètres que nous appellerons « emplacement ».

Analyse détaillée de l'emplacement de l'informaticien

• il est omniprésent dans l'entreprise mais omni-absent lorsque vous avez besoin de lui ;
• il prétend toujours être occupé sur un autre site ou à un autre étage (à bien y regarder, il n'est présent sur aucun site ni à aucun étage) ;
• il sait tout de vous, car il a accès à votre ordinateur, à vos codes de connexion, et à l'historique de vos navigations Internet ; aussi, il faut veiller à ne pas le persécuter ;

• il peut contrôler à distance votre ordinateur, donc votre cerveau ;
• il est souvent un sous-traitant mais, même si ça n'est pas le cas, se fiche pas mal qu'un bug fausse tout votre budget annuel et vous fasse perdre deux semaines de boulot : ce n'est pas lui qui vous paye et il n'a pas besoin de vous.

Contrairement à tout ce que vous avez toujours dit et entendu dire, nous conseillons vivement de prendre exemple sur l'informaticien. Paradoxalement, cet être-là doit être un modèle pour vous. Pas en matière vestimentaire, bien sûr, mais dans le cadre de votre stratégie de l'emplacement. L'informaticien est le parangon du camouflage réussi en milieu laborieux. Depuis la création du microprocesseur en 1971, des générations d'informaticiens se sont succédé dans les services supports des entreprises du monde développé, peaufinant patiemment leur couverture, se rendant année après année plus indispensables et plus inutiles. En dépit de vos efforts, et à moins que vous ne soyez vous-même un informaticien, vous ne pourrez probablement jamais atteindre la perfection de ce modèle indépassable. En revanche, vous devez vous en inspirer, afin de bâtir à votre tour une **stratégie d'emplacement** qui vous permette d'atteindre vos principaux objectifs, à savoir :

----> **être connu de tous, implanté dans toute l'entreprise ;**
----> **avoir un minimum de responsabilité réelle pour un maximum de compétence théorique ;**
----> **avoir un minimum de problèmes à régler, et quand il y en a, qu'il s'agisse des problèmes des autres ;**
----> **que tout le monde dans l'entreprise ait besoin de vous mais que vous n'ayez besoin de personne ;**
----> **que tout le monde dans l'entreprise ait besoin de vous mais que vous ne soyez jamais là quand on a besoin de vous ;**

----> avoir le contrôle sur un maximum de personnes sans posséder pour autant un ascendant hiérarchique sur eux ;

----> avoir accès aux informations sensibles d'un maximum de personnes afin de bénéficier d'une paix royale ;

----> que personne n'ait accès à vos informations sensibles à vous, ce qui ferait voler en éclats votre couverture.

Nous ne pouvons que vous le répéter : atteindre en une seule carrière tous ces objectifs relève de l'utopie, et jusqu'à présent, dans l'histoire des organisations humaines, les informaticiens sont les seuls à avoir accompli cet exploit. Néanmoins, vous devez pouvoir mettre en place une stratégie personnelle qui vous permette de réaliser un ou plusieurs de ces objectifs. Ne vous dispersez pas. Mieux vaut vous concentrer sur des points précis. Votre stratégie dépendra de votre position dans l'entreprise, de votre ancienneté, de votre sexe, des compétences que vous êtes supposé avoir, bref, de tous les **facteurs identitaires** que vous possédez en puissance et que vous devez apprendre à révéler.

À présent, il est temps que vous fassiez à votre tour l'analyse de votre propre emplacement. En premier lieu, l'objectif de cette analyse est de mettre en valeur les facteurs identitaires qui vous avantagent, afin de les utiliser au mieux, c'est-à-dire à mauvais escient. Mais dans un second temps, vous devrez chercher à améliorer votre emplacement. Tous les moyens seront bons pour accroître votre emprise et votre inutilité. Veillez toutefois à ce que votre stratégie ne soit pas trop visible, car elle pourrait vous nuire. Quoi que vous fassiez, ayez toujours à l'esprit l'exemple inégalable de l'informaticien.

Nota :
Dans votre démarche, vous serez amené à vous confronter à des concurrents poursuivant secrètement les mêmes objectifs que vous. Il sera donc

parfois nécessaire de livrer bataille. Retenez bien que la première chose à faire si un tel cas se présente, c'est accuser votre concurrent de mener une stratégie de l'emplacement. Pas en face, bien sûr, mais dans son dos. L'adversaire sera décrédibilisé, déstabilisé, et n'aura plus la possibilité de faire jouer cet argument contre vous. Pour plus de détails, référez-vous à la partie IV de cet ouvrage : « L'art de la guerre en *open space* ».

Analyse détaillée de votre emplacement

Merci de vous munir d'un papier et d'un stylo volés dans l'armoire à fournitures de votre entreprise. Puis répondez aux questions qui suivent.

Vous veillerez à ne pas oublier ledit papier sur votre bureau en rentrant chez vous.

Grille d'analyse de votre emplacement

• Parmi les personnes qui comptent sur mon travail, combien y en a-t-il qui n'ont pas d'ascendant hiérarchique sur moi ?
• Combien de personnes dépendent directement de mes interventions techniques ou administratives ?
• Parmi ces personnes, combien y en a-t-il dont je ne dépends pas moi-même ?
• De combien d'armoires ou de locaux suis-je le seul à posséder la clé ?
• Quels sont les processus administratifs que je suis en mesure de bloquer en ne travaillant pas (validation de factures, signature de contrats et autres) ?
• Quelles sont les compétences que je suis le seul à posséder ?
• Quelles sont les informations qui ne peuvent passer que par moi, et que je peux donc bloquer ?

- Disposé-je d'un bureau ou d'un local fermé où je pourrais ne pas être ?
- Suis-je suffisamment souvent en déplacement pour me faire désirer, voire m'offrir des jours de congé sans poser de RTT ?
- Quelles sont les personnalités faibles de l'entreprise auxquelles je pourrais faire des crises de mauvais caractère, et qui en parleront probablement autour d'elles ?
- Quelles sont les personnes dont je détiens de petits secrets infamants, et qui ne pourront donc pas me causer du tort ?

À présent, soulignez les facteurs qui peuvent être améliorés : votre **objectif n° 1** est fixé. Dans un second temps, vous devrez rechercher de nouveaux moyens de conforter votre emplacement. Attention : les opportunités peuvent se présenter de façon inattendue, il faut savoir les saisir au vol. D'ici à six mois, si vous avez toujours un travail, vous referez ce test, ce qui vous permettra de vérifier si vos objectifs sont atteints et si votre emplacement s'est consolidé.

Nota :
Attention, la *stratégie de l'emplacement* ne doit pas être confondue avec la *technique de l'emmerdement maximal*, qui fera l'objet d'une étude approfondie dans la partie II de cet ouvrage : « Préservation et annexion des territoires ». En effet, ce n'est pas parce que votre emplacement est solide et que vous passez votre temps à emmerder le monde que vous devez renoncer à plaire ou à avoir une bonne réputation. Un emplacement réussi, c'est avant tout un *camouflage* parfait (cf. le chapitre qui suit) : vous êtes indispensable, supposé compétent, tout le monde dépend de vous et vous croit surmené. Mais vous n'en foutez pas une. Il n'y a pas d'incompatibilité entre le camouflage parfait et le fait d'être bien vu. Dans une entreprise – et surtout si elle est grande –, il est tout à fait possible d'être bien vu sans être vu. Prenez les informaticiens : ils peuvent être tout à fait sympathiques, voire être très copains avec les cuistots de la cantine.

CHAPITRE 4

L'ÉCHEC
ou l'art du camouflage
en milieu laborieux

De deux choses l'une : soit les **fonctions que vous occupez** au sein de votre entreprise sont à ce point basiques et répétitives que toute notion d'**échec** est exclue (à moins que vous ne soyez même pas capable de gérer le bourrage papier d'une imprimante, auquel cas, c'est vous qui êtes un échec), soit vos directeurs, dans leur infinie mansuétude, vous ont accordé le privilège suprême d'avoir des responsabilités – sans pour autant vous augmenter, cela va de soi. C'est dans ce second cas que l'étude détaillée de la question de l'échec s'avère cruciale pour l'homme (ou la femme) de responsabilités que vous êtes. En effet, vous vivez désormais à l'ombre de l'épée dont ce bon vieux Damoclès a fait un fonds de commerce prospère depuis 2 500 ans.

Disons-le d'emblée, l'échec est quelque chose d'absolument normal. Le revers, l'infortune, l'épreuve, l'erreur, la bourde, la connerie, la grosse gaffe débile, la déconnade magistrale, le foirage absolu sont autant de déclinaisons d'un phénomène dont aucune carrière professionnelle n'est exempte. C'est inévitable, un jour ou l'autre, les meilleurs d'entre nous finissent par se planter. Ce qui, soit dit en passant, démocratise beaucoup la vie en entreprise, car voir les fayots se prendre des gamelles procure toujours un plaisir incomparable.

L'échec fait partie du quotidien, chacun le sait, bien que tous feignent de l'ignorer. Le monde professionnel n'ayant pas tout à fait intégré ce qu'est un être humain, les entreprises poursuivent désespérément l'objectif de ne recruter que des salariés zéro faute, ceux qu'on ne peut jamais prendre en défaut. Une quête noble et romantique, quasiment utopique tant elle témoigne de la confiance qu'elles placent ainsi dans la nature humaine. Car le **salarié zéro faute** n'existe pas. Ou alors seulement dans les productions cinématographiques de la période soviétique triomphante. Mais cela ne nous concerne pas car nous sommes des capitalistes purs et durs.

Si l'erreur ou l'échec sont inévitables, ils ne sont donc pas autorisés pour autant. Le salarié normalement constitué, humain et capitaliste, se trouve donc au cœur d'une contradiction périlleuse. S'il veut s'en sortir, s'il espère rester longtemps salarié, et encore plus longtemps capitaliste, il doit apprendre à se couvrir. L'art du camouflage est subtil, complexe, il demande du savoir-faire et un doigté tout particulier.

Note technique importante : pas vu, pas pris !

Comme tout un chacun, vous passerez l'essentiel de votre carrière à dissimuler vos petites et grosses erreurs. Mais une chose est indispensable, primordiale, vitale : vous ne devez JAMAIS vous faire prendre en flagrant délit de dissimulation !

Voyez le cas récent de ce trader talentueux qui n'a pas su planquer correctement les 50 petits milliards qu'il avait engagés sur le marché boursier, et qui s'est fait prendre la main dans le coffre. Alors que la banque qui l'employait n'avait perdu que 5 minuscules milliards en tentant d'éponger sa petite bourde, le pauvre diable a été considéré comme un élément incompétent, peu fiable et déloyal, et licencié sans autre forme de procès (ou presque). Cet exemple doit être parlant pour le salarié que vous êtes, avec ou sans bonus : il n'est nul besoin que vos supérieurs s'aperçoivent du fait que vous êtes incompétent, peu fiable et déloyal, car, à terme, cela peut vous nuire.

Technique numéro 1 : l'échec à la Pyrrhus ou comment faire passer une grosse bourde pour un incident anodin, voire une chance pour l'entreprise

En tout premier lieu, vous devez absolument apprendre et maîtriser les formules dites de minimalisation, celles qui feront passer une fantastique déconnade pour une minuscule anicroche. Avec le temps et la pratique, vous serez en mesure d'exploiter vos foirages magistraux en les présentant comme des opportunités inespérées pour l'entreprise de rebondir.

Exemple édifiant :

Vous achevez un *conference call* cordial avec le chef de direction du pilotage de Boulet SA. Afin de vous attirer ses bonnes grâces, vous n'avez pas épargné le cirage de pompes ni la brosse à reluire. Peut-être même vous reprochez-vous d'avoir été un tantinet flagorneur. Une fois votre conversation terminée, certain que vous êtes que votre interlocuteur a raccroché, vous vous adressez à votre voisin de bureau :

« C'était cette grosse légume malodorante de chef de direction du pilotage de chez ces sous-produits de Boulet SA. Cette espèce de branquignol bouché à l'émeri ! Il faut tout lui expliquer sept fois, à lui, pour que ça commence à entrer dans son crâne de piaf de mulet abruti. Et encore, j'ai eu de la chance : au téléphone, les odeurs ne passent pas, cette fois-ci je n'ai pas eu à m'appuyer son haleine de chacal mort d'une cirrhose ! »

Et c'est là que, dans le haut-parleur, résonne un « Allô ? » lointain, stupéfait mais néanmoins contrarié. C'est la grosse légume malodorante à l'haleine de chacal mort d'une cirrhose qui était encore en ligne.

Cette fois, vous pensez à appuyer sur le petit bouton rouge qui sert à couper la ligne. Pris de panique, votre chemise instantanément trempée et votre sciatique renaissant de ses cendres tel le Phénix, vous parachevez votre action d'éclat en raccrochant au nez du branquignol bouché à l'émeri, duquel nez dépasse d'ailleurs un bouquet de poils noirs plutôt inesthétique.

À présent, il va falloir expliquer à votre chef de service pourquoi votre plus gros client est parti à la concurrence sans autre explication. La parade ci-après est un exemple dont vous pourrez vous inspirer, mais vous serez probablement obligé de broder :

« *Monsieur le directeur, j'ai demandé à vous rencontrer pour vous faire part d'un problème considérable, à caractère exceptionnel et urgent. Mais rassurez-vous, j'ai pris l'initiative d'organiser un contre-feu efficace dès que j'en ai eu connaissance, afin de vous laisser le temps de la réflexion, car vous et vous seul êtes en mesure de mettre sur pied la stratégie exceptionnelle que la situation appelle. D'après les informations que j'ai pu obtenir de mon réseau, que viennent étayer les éléments écrits qui se trouvent dans le dossier que voici, il existe un risque important que Boulet SA, qui est, comme vous le savez, notre principal client, se retrouve à court terme en cessation de paiement. Un cas de figure qui nous ferait perdre environ 40 % de notre chiffre d'affaires facturé, comme le prouve l'étude que j'ai jointe au dossier papier. Monsieur le directeur, autant le dire, une cessation de paiement de Boulet SA serait une catastrophe pour nous. Aussi, j'ai pris l'initiative de provoquer la suspension de la signature du prochain contrat à 16 millions d'euros, afin de limiter nos risques. Certes, j'ai procédé de façon quelque peu cavalière, mais c'était parfaitement volontaire : il est probable que, suite à l'incident que j'ai volontairement provoqué, le chef de direction de pilotage*

*de Boulet SA, qui est un homme de valeur, mais d'un tempé-
rament excessif et manipulable, souhaitera cesser de faire affaire
avec nous pour s'adresser à la concurrence. S'il devait s'avérer que
Boulet SA n'a finalement aucun problème financier, j'accepterais
d'endosser entièrement la responsabilité de l'incident, ce qui vous
permettrait d'être parfaitement blanchi. Il ne vous serait pas difficile de restaurer la confiance de Boulet SA en leur soumettant
la proposition commerciale que voici, une offre qu'ils ne pourront
pas refuser. Car nous sommes les meilleurs, monsieur le directeur,
et je crois avoir fait le nécessaire pour que nous le restions. »*

Ça y est, vous êtes officiellement un héros.

Technique numéro 2 : le crime était presque parfait ou comment faire porter le chapeau à vos collègues en passant pour un saint

Le dossier Barban&Razoar traîne depuis deux mois sur votre
bureau. Il est épais, ennuyeux, obscur comme un tunnel fer-
roviaire la nuit à la campagne. De plus, vous êtes à quinze
jours des vacances, fatigué par les trois semaines harassantes
écoulées depuis vos derniers congés. L'imminence de la quille
vous a plongé depuis une bonne dizaine de jours dans un état
cotonneux. Ce n'est pas maintenant que vous allez prendre un
problème à bras-le-corps. Ça attendra la fin des vacances.
Alors que vous venez de passer une heure au téléphone avec
un ami, à commenter la défaite des équipes de France, hier
soir, dans au moins trois disciplines sportives, vous jetez
négligemment un œil à l'épaisse chemise de carton barrée
de la mention URGENT tracée au feutre rouge. Avec un

rictus d'ironie condescendante, vous reconnaissez l'écriture nerveuse et tremblée de votre chef de service. Un haussement d'épaules, un soupir, et vous revoilà dans vos pensées : le bungalow préfabriqué que vous avez loué sur la côte, situé à moins de 100 mètres de la plage, entre la décharge à ciel ouvert et le parking de la raffinerie.

Mais soudain, votre regard tombe sur une date, inscrite en petit mais surlignée PAR VOUS au feutre fluo : la date limite de remise du dossier ! La conversation avec votre supérieur vous revient soudain en mémoire. Le dossier devait être bouclé avant le départ en congé du seul et unique cadre habilité à signer les autorisations indispensables. Quand est-il parti, celui-là ? Hier. Pour un mois. Dans une île paradisiaque dont la particularité est d'être déconnectée du reste de monde – d'ailleurs, c'est précisément pour cette raison qu'il a choisi cette destination, le lâche.

Bref, c'est incontestable, c'est la triste et morne réalité : le dossier est planté. Pris de panique, un amateur, un salarié de bas étage se dépêcherait de mettre en œuvre la politique de l'autruche, enfouissant la chemise cartonnée dans le tiroir du bas, celui que l'on n'utilise jamais ou seulement pour cacher une bouteille de whisky. D'autres s'en iraient discrètement poser le dossier sur le bureau d'un collègue déjà en congé, voire le cacheraient dans son tiroir à whisky à lui.

Ces techniques sont d'emploi fréquent. Elles présentent une certaine efficacité, mais il faut avoir conscience du risque d'effet boomerang, car il y a dans chaque service un imbécile pour se rappeler de tout, voire retrouver les traces écrites qui vous incrimineront, vous et vous seul.

Dans une telle situation, vous devez avoir recours à des méthodes de pro. N'attendez pas. Allez voir votre chef et expliquez le problème sans détour :

« Patron, je m'aperçois à l'instant que le dossier Barban&Razoar n'a toujours pas été traité, or Machin Chose est parti en vacances… »

Ici, le patron fronce le sourcil, le rouge lui monte aux joues, son gosier se gonfle et palpite, il s'apprête à se fâcher tout vert et à gueuler comme un putois. Mais avant le premier aboiement, avant qu'il ait même ouvert la bouche ou esquissé le moindre mouvement de ses lèvres encore luisantes du cassoulet de midi, vous le prenez de court :

« Évidemment, je prends sur moi toute la responsabilité de cette affaire. »

Le sourcil froncé effectue une remontée spectaculaire. Le regard devient interrogateur. Qui d'autre que vous pourrait endosser la responsabilité de votre foirade en fa majeur ? Vous poursuivez, l'œil dépité et le propos lourd de sens :

« Déléguer, faire confiance, c'est pourtant ce qu'on nous encourage à faire… Mais voilà ce qui arrive quand on veut donner leur chance aux gens. On est pris au piège de sa bonne volonté. Il faut décidément tout faire soi-même… »

N'oubliez pas de ponctuer par un soupir accablé. Votre chef vous demandera aussitôt ce que vous sous-entendez. À qui avez-vous « délégué » ? À qui avez-vous « fait confiance » ? Imperturbable, vous continuez à vous lamenter :

« Quelqu'un vient vous dire : laisse-moi ma chance. Quelqu'un vous demande de l'aider à réparer les bourdes qu'il a accumulées ces derniers temps. Il vous supplie. Que pouvez-vous faire ? Vous lui apportez votre soutien. »

Pour vous, l'humain, ça compte.
Le chef finira par vous couper la parole. Ce qu'il veut, lui, ce sont des noms. Mais votre éthique vous interdit cette trahison. Vous regrettez de devoir refuser.

« Je n'aurais pas dû faire confiance, voilà tout. Je ne peux m'en prendre qu'à moi-même. Le dossier m'a été confié personnel-

lement, la responsabilité de l'échec m'incombe donc entière-
ment. »

Le chef, qui a forcément ses têtes, désignera immédiatement celui de vos collègues qu'il a dans le collimateur. Vous secouez la tête faiblement. Vous ne niez pas, mais vous dites :

« Vous comprenez bien que je ne peux rien vous dire, ce serait trahir
un collaborateur qui n'a vraiment pas besoin de ça en ce moment,
compte tenu de sa situation délicate au sein de l'entreprise. »

Vous venez de confirmer l'intuition de votre chef et de lui donner de quoi régler ses comptes. En plus, vous passez pour un excellent camarade.

Technique numéro 3 : de l'improvisation ou la méthode Keyser Söze

Reste une dernière méthode, sans doute la plus risquée, à n'utiliser qu'en cas d'extrême urgence. Il ne faut recourir à cette stratégie que dans le cas où vous n'avez pas vu les choses venir, si votre supérieur a repéré votre faute avant vous et qu'il vous convoque dans son bureau avant que vous ayez eu le temps de vous retourner. Cette stratégie du quitte ou double demande un don particulier, celui de l'affabulation totalement improvisée, qu'on appelle également, mais par abus de langage, mythomanie.

Premier élément : ne sous-estimez pas la jouissance que peut ressentir votre chef à vous étriller, à vous agonir, à vous pulvériser. Un chef, ça aime ça. Certains aiment se fâcher tout rouge, certains aiment les envolées lyriques. D'autres vous opposent une froideur de glaçon et vous forcent à vous justifier en vous fixant d'un regard luisant de reptilienne hostilité. Les styles varient, mais pas le fond : lorsqu'on est chef, humilier les sous-fifres est une drogue. Pour les plus indulgents, la première fois est difficile. Mais bientôt ils ne peuvent plus s'en passer. Cela provoque chez eux un sentiment de toute-puissance, de souveraine utilité sociale qui est, paraît-il, à la limite de l'orgasme. Vous démembrer os à os devient un plaisir inégalable, qui n'appelle que son propre renouvellement. Il y a accoutumance. Lorsque vous serez chef, si ça arrive un jour, vous serez pareil : vous vous shooterez aux sous-fifres.

Bref, circonscrire l'engueulade est d'autant plus difficile que la personne en face de vous y prend un incommensurable plaisir. Il ne faut donc pas contrarier votre chef lorsqu'il se lance dans une diatribe venimeuse, vous traite d'incompétent et vous conseille fortement de vous spécialiser dans le récurage d'un certain type de cuvette, avant de préciser d'une voix frissonnante qu'il doute cependant que vous soyez capable de vous acquitter correctement de cette noble tâche.

Laissez passer l'orage. Une fois parvenu au faîte de sa fièvre engueulatoire, votre chef va peu à peu se calmer. Suite à la décharge d'adrénaline que lui aura procurée votre humiliation, il vous regardera autrement, avec une forme inavouée de tendresse. Il vous saura gré, dans le fond, de lui avoir offert tant de volupté, de l'avoir laissé déverser sur vous des semaines entières de frustration. Libéré pour un instant de l'angoisse, tapie au fond de son ventre rondelet, des prochaines vacances en Corrèze avec sa belle-famille au grand complet, y compris le chien qui pue, il se laissera un instant flotter dans l'extase.

Pour vous, c'est le moment de contre-attaquer. *Post ira, dux triste* : « Après la colère, le chef est triste », dit l'adage latin. À moins que ça ne soit pas tout à fait ça, mais peu importe. Il faut profiter de cet instant, très bref, durant lequel il baisse sa garde, pour l'endormir (n'oubliez pas ce que l'on dit des hommes après l'amour – et si votre chef est une femme, laissez tomber, ça ne marchera jamais).

Vous prenez votre petite voix d'oisillon perdu et inventez l'histoire la plus rocambolesque qu'on puisse imaginer, une histoire digne d'Alexandre Dumas. Servez-vous des éléments qui sont à votre portée. Brodez, tissez un joli conte dans lequel votre rôle n'est que secondaire. Évitez à tout prix les : « C'est pas moi, c'est pas ma faute », et les : « J'ai rien fait, je vous jure ! » Posez-vous en victime des événements sans en faire trop, ni trop long.

Exemple :

La voix de stentor du gros Otto Kratt retentit à travers les couloirs comme un coup de tonnerre :

« Lalouze, dans mon bureau IMMÉDIATEMENT ! »

Lorsqu'il a besoin de vous mais n'a rien à vous reprocher, le directeur Kratt a coutume de vous passer un coup de téléphone, et ce, bien que vos bureaux ne soient distants que de deux mètres. Vous ne savez pas pourquoi il vous appelle en barrissant de la sorte, mais une chose est certaine : Kratt est en colère. Laquelle de vos bourdes a-t-il repérée ? Y en aurait-il une qui vous aurait échappé ? Que vous n'auriez pas bien maquillée ? Vous vous levez d'un bond et accourez pour prendre la correction qu'il se réjouit déjà de vous administrer.

« Lalouze, le dossier Desbricks&Desplacks est planté ! Vous avez confondu le rapport sur la situation des prêts à long terme avec les comptes rendus de réunion. Vous avez balancé toutes nos données financières à Boulet SA ! S'ils ne nous le ressortent pas lors des prochaines négociations pour nous forcer à revoir les taux à la baisse, je veux bien défiler sur les Champs-Élysées en minijupe et en résille ! Lalouze, vous êtes un INCAPABLE, un INCOMPÉTENT, un… »

Et cætera. La durée de l'engueulade est fortement corrélée à la richesse du vocabulaire de votre chef ainsi qu'à son talent pour les métaphores scatologiques.

Vous êtes pris de court. Vous devez garder votre calme. Mettez à profit le temps durant lequel votre chef hors de lui, les yeux exorbités, passe ses nerfs sur vous et cherche les insultes les mieux imagées pour échafauder une histoire. Servez-vous des éléments qui vous entourent. Jetez un œil sur les dossiers qui encombrent le bureau du chef.

Une fois l'orage passé, répondez calmement, sans avoir l'air de chercher vos mots. Il vous faut être vif et rapide. Plus inventif que lorsque vous expliquez à votre épouse que c'est une grève spontanée des agents SNCF qui explique votre retard, et pas une partie de belote au bistrot avec les collègues.

« Monsieur Kratt, connaissez-vous réellement les implications du dossier Desbricks&Desplacks ? Avez-vous idée des connexions qu'il peut avoir avec les événements qui se déroulent actuellement en Colombie (le chef a dans la main une tasse de café fumante) ? Je ne peux pas vous blâmer de ne pas avoir suivi l'actualité, vous êtes un homme très occupé, mais sachez que la société Éléphant Inc. (vous avez repéré une photo de son épouse, trônant sur son bureau) a fait des prêts à court terme à des producteurs de bananes (c'est la photo du fils qui à présent vous inspire) dont le cours a chuté drastiquement ces derniers mois… »

Et ainsi de suite. Improvisez, inventez, faites-le voyager et faites finalement porter le chapeau à je ne sais quelle organisation mystérieuse qui comploterait en sous-main contre votre société. Pas sûr que cela fonctionne. Il y a néanmoins une chance pour que votre chef en vienne à oublier totalement la raison pour laquelle il vous passait un savon, ou qu'il vous soit reconnaissant de lui avoir raconté une histoire à suspense (il n'a pas le temps de lire des polars, il est trop occupé).

DEUXIÈME PARTIE

PRÉSERVATION ET ANNEXION DES TERRITOIRES (SUDÈTES ET ANSCHLUSS)

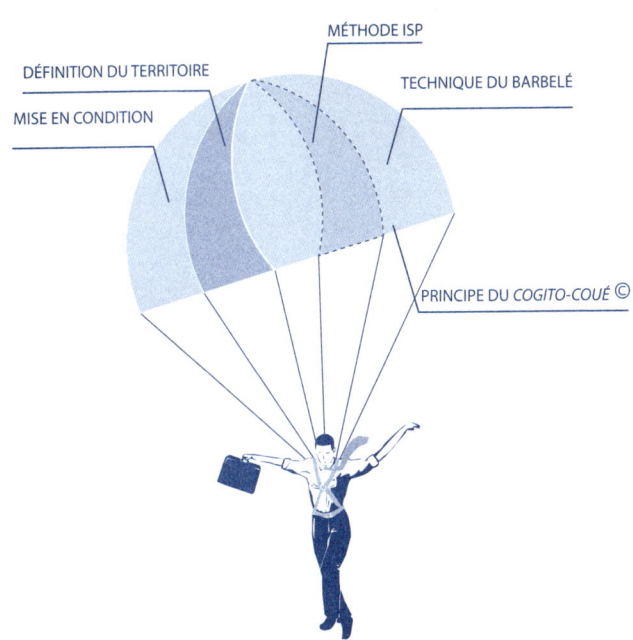

MÉTHODE ISP

DÉFINITION DU TERRITOIRE

TECHNIQUE DU BARBELÉ

MISE EN CONDITION

PRINCIPE DU *COGITO-COUÉ* ©

Même le plus innocent des caniches le sait : un territoire, ça se marque. Dans l'entreprise, le vôtre est constamment menacé d'érosion, de morcellement, voire d'invasion. Pour le préserver, il va falloir vous battre comme un chiffonnier (mais il n'y a pas de sot métier).

Toutefois, après la lecture de ce chapitre, vous ne partirez pas au combat les mains vides. Armé jusqu'aux dents, vous serez en mesure, tel Alexandre le Grand, de conquérir la quasi-totalité du monde connu.

Ou presque.

CHAPITRE UN

TECHNIQUE DE MISE EN CONDITION PRÉLIMINAIRE
ou la méthode de Descartes

La **vie professionnelle** est dure. Même les plus ambitieux ignorent quels chemins la leur empruntera. Même les plus tire-au-flanc – voire les informaticiens – ne peuvent savoir ce que l'**avenir** leur réserve. Tous, sans exception, sont dans l'impossibilité totale de connaître de quelle façon tragique leur vie professionnelle prendra fin – toujours trop tôt, sans avoir le temps de faire ses adieux ni de dire aux collègues de toute une vie combien on les a haïs.

Les stagiaires, quant à eux, ignorent si leur vie professionnelle démarrera un jour.

Dans cet environnement marqué par la peur et l'angoisse, c'est la « *guerre de tous contre tous* ». Une lutte sans relâche, pied à pied, pour éviter à tout prix la disparition prématurée. Cher professionnel qui nous lisez, pouvez-vous être certain, à cette heure tardive de la nuit où vous n'avez peut-être pas quitté le bureau, que vous existez encore ? Car exister, en milieu professionnel, est un combat de tous les jours, de chaque heure sup, de chaque minute d'assemblée générale.

Il faut **exister**, coûte que coûte. Les pages de ce manuel vous ont déjà livré de précieuses clés vous permettant de rappeler à tous, à chaque instant, que vous êtes là et bien là. Mais cette question de l'existence, nous insistons là-dessus, est absolument primordiale, incontournable, majeure. En un mot, il s'agit d'un point sur lequel vous devez impérativement *surperformer le marché*.

Introduction à la méthode de Descartes

Avant de passer aux applications concrètes, vous devez impérativement procéder à une mise en condition quotidienne visant à vous persuader que vous existez. Car, si vous n'avez pas en vous-même, chevillée à votre corps engoncé dans votre costume, la certitude absolue que vous existez, pensez-vous que vous serez capable de l'imposer à vos collègues, chefs et sous-fifres, c'est-à-dire à l'ennemi ? Les autres doivent savoir que vous existez, et, pour cela, vous devez en être plus que convaincu.

La méthode de Descartes est pratiquée, en France, depuis le XVIIe siècle. Elle a été conçue par le célèbre philosophe René Descartes, après des années de réflexion et de patiente recherche. Il aura fallu toute une vie philosophique à Descartes pour mettre au point cette seule et unique certitude : « *Je suis, j'existe.* » Sachez profiter du savoir-faire français !

La découverte de Descartes, appelée le *cogito*, a inspiré aux stratèges de la guerre professionnelle la *technique de mise en condition préliminaire quotidienne*, également appelée la *technique du cogito-Coué©*.

Méthode

Principe de base du *cogito-Coué©* :

Le sujet procède sur une base quotidienne à un exercice d'autosuggestion visant à le persuader lui-même, avant d'en persuader les autres, qu'il est bel et bien vivant, qu'il est même important, et qu'il a toute sa place dans la société et dans l'entreprise qui l'exploite.

Matériel nécessaire :

Un miroir ou tout matériel réfléchissant et non pensant. Un lavabo équipé d'un robinet dispensant de l'eau fraîche en abondance, disposé en contrebas du miroir, est un plus.

Méthodologie générale :

Chaque matin, dès le réveil, avant le café et la douche, et bien sûr avant de partir au bureau, mais si possible après le brossage de dents, mettez-vous en face de votre miroir, les deux mains appuyées de part et d'autre du lavabo. Faites prendre à votre visage une expression guerrière (si vous parvenez à vous faire peur, ce qui est plus facile au réveil, surtout passé la quarantaine, c'est un plus). Puis répétez trois fois, en appuyant fortement sur les consonnes :

« Je suis, j'existe ! »

Puis penchez-vous, ouvrez le robinet, et éclaboussez-vous le visage par trois fois à l'aide d'une salve d'eau fraîche. Tendez à nouveau votre visage martial au miroir, et répétez encore (trois fois) :

« Je suis, j'existe ! »

Renouvelez l'opération autant de fois que nécessaire, jusqu'à ce que vous soyez parfaitement convaincu que vous existez.

 Cas difficiles

Il n'est pas impossible que l'efficacité de la méthode de Descartes ne devienne manifeste qu'après plusieurs jours de pratique quotidienne. Ne vous découragez pas.

En cas de difficulté, c'est-à-dire si, après 15 jours de pratique assidue, vous échouez toujours à vous convaincre que vous existez, vous devez essayer de focaliser votre esprit sur ce qui vous aidera à reprendre le dessus.

Quelques exemples :

• évoquez le visage de Germaine, la responsable des appros qui s'ingénie à vous pourrir la vie ;

• évoquez la face congestionnée de votre n+1 la dernière fois qu'il vous a passé un savon suite à une erreur qu'il avait lui-même commise ;

• pour les hommes : évoquez le souvenir de votre plus indéniable succès sexuel ;

• pour les femmes : procédez à un rapide *market sizing* de la valeur totale des bijoux et autres bouquets de fleurs ou dîners qui vous ont été offerts jusqu'ici. C'est certain, vous le valez bien.

Le cas échéant, n'hésitez pas à avoir recours aux jurons, que vous apposerez à la fin de la formule « *Je suis, j'existe !* », afin d'en appuyer le sens profond. Exemple : « *Je suis, j'existe, merde !* »

 Cas désespérés

Si, en dépit de vos efforts répétés, la méthode de Descartes ne donne pas d'effets probants, tentez cette ultime technique élaborée par Descartes lui-même, qui avait bien du mal à se convaincre qu'il existait, car il devait subir des conditions de travail au bureau plutôt difficiles. Vous remplacez la formule « *Je suis, j'existe !* » par « *Je pense, donc je suis.* » Puisque vous êtes en train de penser à cet instant même, cela signifie que vous existez. C'est de la pure logique.

Après quelques jours de « *Je pense, donc je suis* », revenez à la méthode de base (« *Je suis, j'existe !* »).

Si cette dernière technique demeure sans effet, c'est que c'est vous qui avez un problème. Laissez tomber, vous êtes nul.

Nota :

La *technique du cogito-Coué©* pourra être employée avec profit sur le lieu de travail même, de préférence dans les toilettes, avant une réunion de crise ou à la suite d'un entretien délabrant avec votre n+1. Pensez cependant à vous assurer au préalable que toutes les cabines de toilettes sont vides et que vous êtes bien seul. Si, dans l'intimité de votre logement, vous pouvez crier et injurier vos collègues tout votre soûl, évitez cependant de le faire dans de telles circonstances. Il ne faudrait pas vous faire choper, car, tout convaincu que vous soyez, cela pourrait remettre en cause votre existence effective.

Nota 2 :

Peut-être n'existez-vous déjà plus. Peut-être avez-vous déjà échoué dans le placard à balais, ou avez-vous déjà reçu les notifications qui font de vous l'un des passagers de la prochaine charrette en partance pour le Pôle emploi. Ce détail n'a pas d'importance. En effet, la *technique du cogito-Coué©* est une méthode de motivation subjective totalement indépendante des conditions objectives et circonstancielles dans lesquelles elle est mise en application. Vous pouvez donc l'appliquer quel que soit le pétrin dans lequel vous vous trouvez. Personne ne vous le reprochera, et vos proches vous sauront gré de continuer à y croire, même en plein naufrage, plutôt que de déprimer et de solliciter un soutien qu'ils n'auront pas le temps ni l'envie de vous prodiguer. Au pire, une ultime notification viendra vous détromper. La méthode de Descartes n'en sera pas pour autant invalidée, et nous déclinons au passage toute responsabilité dans ce dossier.

CHAPITRE 2

DÉFINITION DU TERRITOIRE
ou la technique du barbelé

À présent que vous êtes totalement convaincu que vous êtes, que vous existez, nous pouvons passer à la **technique du barbelé** proprement dite.

Vous existez, c'est un fait, mais il en découle que vous devez vous protéger. Savoir qu'on est vivant, c'est aussi avoir conscience des menaces qui pèsent sur soi. Or, en milieu professionnel comme sur le champ de bataille, la première **menace** qui pèse sur le troufion comme sur l'officier, c'est la perte de son **territoire**. Cette section vous donnera un matériau méthodologique pour marquer et consolider votre territoire. Pour voir comment défendre une position menacée par l'ennemi, vous vous référerez avec profit à la partie IV de cet ouvrage, au chapitre 2 : *La guerre de position, ou comment tenir une forteresse prenable.*

Afin de procéder avec efficacité au marquage, au balisage et au minage de votre territoire, la première chose à faire est de faire le point avec sagacité sur la situation.

Voici les éléments dont vous devez tenir compte :
- topologie des lieux (*open space*, bureau kafkaïen, placard à balais, proximité du bureau de votre n+1) ;
- durabilité de la situation (présence de cloisons amovibles, espace disponible pour l'ajout d'une table à tréteaux

à l'usage d'un stagiaire, déménagement imminent, bureaux temporaires dans un bâtiment préfabriqué) ;
• nature du conflit (guerre de positions, *blitzkrieg*, guérilla, guerre thermonucléaire totale) ;
• effectifs en présence (le nombre d'adversaires à votre étage de la pyramide, le nombre d'étages de la pyramide se tirant la bourre dans un même espace) ;
• enfin, les règles d'usage dans votre escadron (bigoterie, jeunisme, promotion canapé, autopromotion féroce, torpillage perpétuel, etc.).

Une fois cette **évaluation stratégique** effectuée avec minutie, vous avez toutes les cartes en main pour placer vos pions. Quelles que soient vos conditions de travail, le territoire, VOTRE territoire, est une notion absolument primordiale. Une notion que vous ne pouvez pas vous permettre de négliger si vous souhaitez vraiment survivre au prochain plan social.
Quel que soit votre sot métier, quel que soit votre domaine d'incompétence, il vous faut absolument un lieu. Un **lieu** qui soit le vôtre. Un lieu que vos collègues ne pourront identifier qu'à vous, un lieu auquel vos collègues vous identifieront nécessairement. Il est impératif que vous preniez une position solide, inaltérable, inattaquable. Vous devez être accroché à votre espace, si petit soit-il, comme le fisc au dos du contribuable, comme une moule à sa parcelle de rocher. VOUS ÊTES UNE MOULE! (sachez penser moule, mais pas trop tout de même). Votre siège doit être le fondement même de votre séant, votre bureau doit être façonné par vos coudes, le clavier de votre ordinateur doit être le prolongement de vos doigts, dont les empreintes digitales doivent figurer sur toutes les touches, en particulier les touches suivantes : \$, €, £ et %. Face à votre écran, tous les ennemis héréditaires qui vous entourent doivent avoir l'impression d'être face à vous.

Fondu dans le décor, vous devenez **inamovible**. Fossilisé. Vous faites désormais partie des murs. Vous êtes une brique, un parpaing, une pile de béton armé. Lorsque tout partira à vau-l'eau, vous devrez voir vos collègues tourner vers vous un regard plein d'espoir exprimant à peu près ceci : « La Terre peut s'arrêter de tourner, ce bureau restera tel qu'il est, et son occupant sera toujours là, fidèle au poste, à faire fonctionner la boutique. » Votre espace doit avoir votre couleur, votre odeur, il doit regorger de vos phéromones. Peu à peu, vous parviendrez à effacer des esprits, même les plus retors, l'idée que, possiblement, vous pourriez faire place nette en quelques heures, afin qu'un autre employé vienne occuper votre espace et faire votre boulot. Si personne ne pense que c'est possible, vous pourrez raisonnablement cesser de redouter que cela arrive à tout moment.

Nota :

Si, après plusieurs années de patiente pose de barbelés, une fois que votre territoire est défini, enclos, et protégé par des paires de dobermans à colliers cloutés, vous apprenez que, suite à la récente fusion avec Grosbourrin SA, l'ensemble de votre service va *déménager* à un autre étage, voire dans un autre immeuble, plus exigu mais tellement plus *people ready*, n'en concevez pas d'excessives angoisses. Vous n'aurez qu'à transporter votre territoire, vos barbelés et vos dobermans avec vous. Si vous savez faire preuve d'*adaptabilité* et de *flexibilité*, si vous savez concéder les quelques modifications qui s'imposeront, vous devriez rapidement parvenir à reconstituer votre camp fortifié dans un nouvel emplacement. Dites-vous bien que, à cet effet, vous aurez deux points forts :

– dans une entreprise, lorsqu'on déménage, c'est forcément vers un local plus étroit, donc plus facile à investir et moins difficile à défendre ;

– le travail accompli ne sera pas perdu, et, dans la lutte pour l'annexion de nouveaux territoires, la moule que vous êtes aura nécessairement une longueur d'avance sur les autres belligérants, nettement moins accoutumés à ce type d'exercice.

Malheureusement, il n'y a pas de recette miracle. Il faut vous montrer créatif, ingénieux, faire un *screening* des possibilités qui s'offrent à vous, saisir les meilleures opportunités, *sortir de votre zone de confiance*, vous *incentiver, mobiliser votre savoir-faire* pour obtenir *in fine* un résultat *impactant*, vous *leverager* et *exploser vos objectifs*. S'il existe autant de situations différentes que d'emplois dans notre économie florissante (c'est-à-dire de moins en moins), on dénombre tout de même un certain nombre de cas typiques que nous vous invitons à découvrir.

Premier cas : le bureau kafkaïen

C'est, bien entendu, le cas le plus facile et le plus rare. Vous disposez d'une **alvéole individuelle**, certes interchangeable et impersonnelle au possible, mais dont on vous laisse imaginer que vous êtes, sinon le propriétaire, du moins le locataire – à court terme, et avec un bail non renouvelable, donc on peut plutôt parler de sous-location, voire de squat. Les plus chanceux disposent d'une porte qui ferme, et même – on peut rêver – d'une fenêtre qui ouvre.

Allez-y, lâchez-vous. Cet espace est le vôtre. Vous devez le personnaliser et en barrer l'accès à toute personne étrangère à votre service. Rappelez-vous néanmoins les détails de l'analyse de situation que vous avez faite sur notre recommandation (voir plus haut). Évitez les fautes de goût et les erreurs de jugement, qui sont autant de faux pas. Et, comme vous le savez, un faux pas, dans le monde de l'entreprise, est un pas vers la sortie.

Outils à employer

• le portemanteau : y accrocher des frusques, odorantes de préférence, avec une prédilection pour les modèles *impactants* (gilet de grand-mère pour énerver les jeunes, parapluie imprimé du logo de l'entreprise, fourrure de haute couture dans le cadre d'une lutte pour le pouvoir suprême, robe d'avocat si vous travaillez au service juridique, etc.) ;

• votre bureau : y disposer deux tombereaux de dossiers dans lesquels vous seul(e) pouvez vous retrouver ;

• les étagères : pratique pour les anciens, pour y disposer divers trophées remportés au cours d'une carrière jalonnée de victoires inestimables (à adapter en fonction de votre activité) ;

• le pourtour de votre écran d'ordinateur : le surencombrer de Post-it urgentissimes (à renouveler fréquemment) ;

• votre caisson individuel à tiroirs : *laissez* un tiroir perpétuellement ouvert pour barrer l'accès à votre bureau, mais conservez-en un fermé à clé, avec la clé dans votre poche. Lorsque vous n'êtes pas là, tout ce qui est indispensable pour faire votre travail à votre place doit se trouver dans ce tiroir verrouillé (codes d'accès, répertoire des contacts, clé de votre armoire à dossiers) ;

• la corbeille : la placer en travers du chemin ;

• vos stylos : tous personnalisés, possédant chacun son emplacement attitré, vous piquez une colère noire si quelqu'un s'avise d'y toucher. Vous verrez, le message circulera rapidement ;

• votre imprimante : débrouillez-vous comme vous voulez, mais cette satanée machine ne doit obéir qu'à vous.

Outils à employer avec précaution

• les gobelets de café vides : ne pas recourir à cette méthode si vous n'êtes pas certain que ces monceaux de gobelets évoqueront à vos collègues un travailleur forcené qui se shoote au café pour accroître ses performances opérationnelles ;

• la porte : fermée, elle est intimidante à souhait, mais elle risque de jeter le soupçon sur vos activités, notamment téléphoniques. Ouverte, elle permet d'être au courant de tout, mais elle est inutile. D'après des études récentes, la meilleure solution semble être de l'entrouvrir, mais de la claquer violemment une à deux fois par semaine ;

• photos et souvenirs : ceux-ci doivent parfaitement s'adapter à votre environnement (par exemple, une photo de famille si vous bossez chez les bigots, ou des souvenirs de vos vacances de ski extrême si vous êtes dans une structure atteinte de jeunisme). Les photos d'êtres vraiment chers qui vous aident à tenir, planquez-les : elles sont autant d'aveux de faiblesse. En revanche, si vous savez votre rivale immédiate célibataire, sans enfants et triste de l'être, n'hésitez pas à tapisser la pièce de vos émouvants souvenirs de famille ;

• le tapis oriental de méditation transcendantale : bon outil de personnalisation, mais veillez à ne pas mettre les rieurs contre vous. À utiliser à tout prix si vous êtes employé par une société *new age* de conseil en optimisation des ressources humaines grâce à la stimulation des ondes interpersonnelles positives et le développement de l'amour universel.

Outils à ne pas employer

• la musique : par définition, celle que vous écoutez ne plaît pas à la plupart des autres, qui en profiteront pour vous trouver vieux jeu ou vous traiter d'anar. En plus, ça fait tire-au-flanc. À utiliser abondamment, cependant, dans des milieux comme la publicité, mais avec un énorme travail de recherche en amont : la musique que vous écoutez au bureau le lundi devra impérativement être à la mode le mardi, et vous ne devez jamais diffuser deux fois le même morceau ;

• les économiseurs d'écran bucoliques ou humoristiques : cela ne fait pas sérieux, et celui qui entre dans votre bureau lorsque vous êtes absent, tombant sur un écran où circulent paisiblement des poissons numériques, vous prendra

immanquablement pour un branquignol. Préférer un vaste tableau Excel barré de la mention CONFIDENTIEL, mais où ne figurent que des calculs d'importance très secondaire (cela afin de parer à toute accusation de *fuitage*) ;
• les taches de café sur la moquette. Un bon moyen de personnaliser son bureau et de décourager tous ceux qui prétendent l'annexer, mais qui peut vous attirer des reproches. Technique à n'employer que si toutes les autres ont réussi et que vous êtes désormais un pilier incontournable de votre boîte, une sorte de diva. Gardez néanmoins à l'esprit que ce genre de situation n'est pas éternel, et que plus dure sera la chute ;
• de façon générale, évitez les personnalisations qui occasionnent des déprédations, comme les graffitis, les moquettes arrachées, les équipements bureautiques brûlés, les traces de déjection sur les cloisons amovibles. À terme, cela pourrait vous nuire.

Deuxième cas : l'open space

De nos jours, le cas le plus fréquent, puisque 60 % des entreprises françaises ont opté pour cette sorte d'aménagement. Une structuration de l'espace de travail spécialement élaborée pour provoquer l'inconfort maximal des salariés, fluidifier les relations maître-esclave et accélérer l'éviction des éléments récalcitrants.

L'*open space*, c'est la **standardisation** absolue, c'est-à-dire ce contre quoi vous devez lutter sans merci. Tous les bureaux sont les mêmes, interchangeables, disposés de façon stricte dans un espace ouvert au regard de tous. Les plantes vertes sont nombreuses, mais généralement en plastique ; de plus en plus souvent, elles sont remplacées par des stagiaires.

« Impersonnel », « interchangeable », voilà les mots enne-mis ! Comme vous vous en doutez, ces adjectifs s'appliquent également à vous. Et si la direction de votre entreprise a jugé bon de rendre ses bureaux froids et sans âme, c'est qu'elle a une idée précise de la façon dont elle a l'intention de traiter les personnes susceptibles d'y travailler.

S'approprier une position signifie la tenir. La défense d'un secteur ne dure que tant que vous maintenez une présence active sur ladite position. La seule manière de conserver le lieu est d'entretenir une vigilance de tous les instants, de le protéger en le transformant en position inattaquable. Votre camp fortifié doit être défendu et renforcé au moyen de ce que la stratégie militaire nomme *obstacles de terrain*, qu'ils soient concrets ou symboliques.

En *open space*, la personnalisation est d'autant plus indis-pensable qu'elle est rendue plus délicate par le contexte. Les risques d'échec sont multiples.

Quelques exemples de personnalisations contre-productives

• la personnalisation envahissante, qui crée des conflits ter-ritoriaux et provoque des inimitiés inutiles ;
• la personnalisation-contamination : votre espace s'agran-dit de lui-même, car les autres fuient vos miasmes et votre manque d'hygiène. Dès les premières plaintes à la médecine du travail, c'est vous qui cédez la place aux autres ;
• le « au bureau comme chez soi » : le fauteuil club et la console de jeu étaient de trop, la DRH vous signifie que vous serez bien mieux à personnaliser votre logement ;
• le syndrome de l'homme qui dérange : votre bureau était trop cool, et vos collègues se sont ligués pour se débar-rasser de vous. Vous partez sans vos cliques mais avec des claques.

Cas particulier de faute de goût : la carte postale

Tournez sept fois votre agrafeuse dans votre bouche avant de fixer sur le mur derrière vous, donc en évidence, les cartes généralement grotesques que vous ont envoyées les collègues (même si, cas exceptionnel, ce sont des amis) durant leurs inoubliables vacances à Vilvoorde ou à Gandrange. En plus du texte ridicule, illisible et sans intérêt rédigé à la hâte pour vous narguer, ces détestables cartons de non-invitation sont généralement griffés de slogans imbéciles dénigrant le travail. N'allez donc pas vous tirer une balle dans le pied en affichant une carte postale représentant un dromadaire et sur laquelle on peut lire : « Et dire qu'il y en a qui bossent. » Ni celle où l'on peut voir trois filles seins nus sur la plage (ou à la montagne, mais dans ce cas elles portent des skis et des bonnets, des bonnets pour la tête, bien sûr) clamant combien « les vacances, c'est génial ».

N'hésitez pas, en revanche, à afficher fièrement les messages sympathiques et personnalisés que vous auront éventuellement envoyés le numéro 1 de la boîte, votre plus gros client ou un acteur célèbre, si vous avez la malchance d'en connaître un.

De même, vous éviterez avec profit d'encombrer votre bureau de babioles, tous ces bibelots inutiles que vos collègues se sentent obligés de vous rapporter de leurs lieux de villégiature (sauf si ces cadeaux proviennent, encore une fois, du numéro 1, de votre plus gros client ou d'un acteur célèbre). Baromètres en coquillage et poupées andalouses fabriquées en Chine sont donc à proscrire, sauf cas particulier. Répétons-le, soyez créatif : votre personnalisation de bureau doit être *pêchue, sexy, innovante*, mais pas *has been*, ni *en dehors des clous*. Tout doit rester *under control*.

Astuce : de la territorialisation par l'ordre

Si, dans les entreprises, beaucoup de salariés ont eu l'intuition de la nécessité de baliser et défendre leur territoire – même sans avoir lu ce livre, ce qui est extraordinaire –, la plupart mettent en pratique la technique du barbelé de façon brouillonne et inefficace. Leur bureau est un bric-à-brac où tout se perd, rien ne se crée, à la vue duquel la seule épithète qui germe dans le cerveau binaire des instances décisionnelles est la suivante : *incompétent*. Les pauvres, ils feront partie de la prochaine charrette.

Une astuce, afin de marquer de façon durable son territoire, consiste à y maintenir un ordre scrupuleux, méthodique, confinant à la maniaquerie. Stylos alignés parallèlement au clavier, bureau net libre de dossiers, écran sans le moindre Post-it. En votre absence, chaise rangée nickel chrome face au clavier. Mieux encore : armoire à dossiers parfaitement à jour, avec système élaboré de dossiers suspendus classés par ordre alphabétique, et, bien sûr, colère noire s'il manque le moindre papier dans l'armoire ou si vous trouvez la moindre trace de doigt sur le vernis de votre bureau.

Cette méthode, très efficace, forcera le respect de vos collègues qui n'oseront bientôt plus s'approcher de votre territoire. En dehors de ceux qui vous connaissent vraiment, tous seront convaincus de votre **rigueur** et de votre **compétence**. Le seul élément indispensable est la masse : si vous n'avez pas suffisamment de dossiers à classer, personne ne s'apercevra de votre organisation méticuleuse. Cette astuce s'applique donc plutôt aux *mulets* et autres *pisseurs de slides* habitués à fonctionner en *multi-tasking*.

Il est néanmoins recommandé à ceux qui ne possèdent pas en eux-mêmes un embryon suffisant de maniaquerie de renoncer à cette méthode, qui demande une bonne dose de rigueur pathologique, sans laquelle leur effort est d'avance voué à l'échec.

Troisième cas : les bureaux itinérants

La technique du bureau itinérant est actuellement mise en place par un nombre croissant d'entreprises, et ce afin de contrer la propension des salariés à insuffler un peu de vie dans leur lieu de travail et leur manie de toujours vouloir s'approprier des locaux qui ne leur appartiennent pas, car ils sont la propriété exclusive des actionnaires. Suite à la **dématérialisation** de l'économie, il faut s'attendre, pour les années à venir, à un recours croissant à cette technique, dont l'avantage majeur, outre les économies qu'elle permet de réaliser, est de rendre moins visibles les départs-minute pour cause de charrette, de crise cardiaque ou de suicide.

Le principe du bureau itinérant est simple : le salarié ne possède plus de bureau, pas même d'alvéole dans un *open space* ni de place au parking. Seuls un ordinateur et un téléphone mobile sont mis à sa disposition (mais ils ne lui appartiennent pas, naturellement, sauf en cas de panne). Grâce à cet équipement et aux technologies de la communication, il peut travailler de n'importe quel endroit, par exemple de chez un client ou dans les transports en commun. Lorsqu'il est sur place, un bureau est mis à sa disposition, mais jamais le même, et ce afin de s'assurer qu'il ne se l'approprie pas.

Face à cette stratégie radicale des employeurs, il n'est guère de réponse territoriale satisfaisante. Le salarié qui ne parvient pas à annexer un bureau collectif en l'occupant en permanence, ni à se voir attribuer un bureau de chef avec meubles en faux acajou pour les négociations client, devra se résigner à la dématérialisation totale de son territoire. Il ne lui restera plus qu'à chercher à investir d'autres territoires (marché, espace virtuel, nombre de salariées séduites, etc.), mais avec des chances de survie largement réduites. Néanmoins, toutes les autres rubriques de cet ouvrage lui permettront de défendre chèrement sa peau.

CHAPITRE 3

INVASION DES TERRITOIRES ANNEXES
(sans avoir l'air d'un barbare)

Vous êtes à présent parfaitement renseigné et formé sur les techniques permettant de définir et marquer votre territoire, leurs cas particuliers et leurs limites. Confiant, vous vous êtes empressé de les mettre en application et d'en constater les vertus. Vous vous en réjouissez et vous estimez que, sur ce coup-là, vous n'avez pas jeté votre argent par les fenêtres en achetant un livre qui ne sert à rien.

Eh bien, vous avez tort ! À notre grand regret, nous sommes obligés de vous le dire, droit dans les yeux : vous manquez d'**ambition** ! Notez au passage que nous pourrions nous satisfaire de votre satisfaction. Mais puisque nous nous sommes assigné l'objectif de tout faire pour vous garantir une survie durable et en bonne santé dans la jungle torride de l'entreprise, nous ne comptons pas nous contenter de vous avoir aidé à gagner un combat. Ce que nous allons gagner, ensemble, c'est la guerre !

Si vous avez eu la naïveté de croire que la définition et le verrouillage de votre territoire suffisent à vous mettre à l'abri de l'éviction et du dérouillage, vous vous mettez magistralement le doigt dans l'œil. Car, dans le monde instable de l'entreprise, les choses sont en perpétuel mouvement. À tout moment, l'édifice que vous avez patiemment construit peut voler en éclats. Les lignes Maginot que vous avez bâties peuvent être contournées. Vous pouvez être attaqué sur le flanc, par-derrière, par au-dessus, par en dessous, par partout à la fois. Bref, le danger est permanent, et il est de notre devoir de vous le faire remarquer, certes un peu durement, mais, nous voulons le croire, avec profit.

Mais vous êtes là pour apprendre, vous êtes, pour ainsi dire, en **formation**. C'est pourquoi nous nous contenterons de renouveler votre période d'essai sans engager pour l'instant de procédure de licenciement.

Face au perpétuel danger qui vous guette, vous n'avez qu'une seule et unique solution : chercher constamment à **étendre votre territoire**. Vous devez **être ambitieux** comme un homme politique. Nous savons que cela vous répugne, mais le monde actuel est ainsi fait : les politiciens pour lesquels nous votons depuis cinquante ans ont fait nos vies à leur image.

Notice liminaire

La méthode qui suit est le fruit d'une longue expertise, alimentée aussi bien par l'étude historique de la constitution des nations et de la détermination des territoires que par les principes essentiels en matière d'art de la guerre dégagés par les illustres précurseurs que sont les Sun Tzu, Miyamoto Musashi, Carl von Clausewitz et autres Machiavel.

Densifiée et polie par les années, cette méthode s'appuie en premier lieu sur cette fulgurance tout droit sortie des cerveaux de nos plus brillants philosophes du sport : « *La meilleure défense, c'est l'attaque.* » Depuis lors, l'idée a été menée jusqu'à son aboutissement, théorisée puis expérimentée par d'autres grands penseurs, parfois demeurés dans l'ombre, mais qui contribuent à la grandeur de la France à travers leurs ventes d'armes, d'avions de combat, de pétrole et de déchets nucléaires. Elle est un héritage qu'il nous faut perpétuer à travers le temps, en gardant à l'esprit le génie et la ténacité de nos maîtres.

Nous avons conscience que ce que nous vous demandons est difficile. C'est pourquoi nous vous proposons de vous appuyer sur une série de principes simples que nous détaillons ci-après.

Premier principe, dit « du port altier du politique »

Vous êtes sur le point de commettre des actes immoraux, de trahir votre éthique, d'aller à l'encontre des principes que vos parents vous ont inculqués et que vous enseignez vous-même à vos enfants. Vous redoutez la honte, la culpabilité, les remords. Nous vous conseillons de prendre exemple sur nos hommes politiques de premier plan. Regardez-les bien : ils sont fiers, souriants, satisfaits d'eux-mêmes, ils se trouvent beaux, forts, intelligents, et certains se trouvent même grands. Inutile de préciser qu'il en va de même des femmes politiques, qui sont fières, souriantes, satisfaites d'elles-mêmes, qui se trouvent belles, fortes, intelligentes, et dont certaines se trouvent même présidentiables.

Constatez-le vous-même : ni les mensonges éhontés, ni les trahisons, ni le gaspillage d'argent public, ni l'échec de leurs politiques ne sauraient ébrécher leur surnaturelle confiance en eux-mêmes. Même lorsqu'ils ont été condamnés, inéligibles, voire lorsqu'ils ont fait un tour par la case prison, ils restent fiers, souriants, satisfaits d'eux-mêmes, beaux, forts, intelligents, et même grands et présidentiables. Vous trouvez cela incroyable, non ? Eh bien, considérez le point suivant : c'est pour eux que vous avez voté aux dernières élections.

Aussi, le premier principe consiste à rester fier en toutes circonstances, à afficher un port altier et supérieur, et à jeter tous ses scrupules à la corbeille à papier jusqu'au Jugement dernier.

Deuxième principe : avoir le *Medef spirit*

Pas besoin d'entrer dans les détails. Le *Medef spirit* consiste tout simplement à ne reculer devant rien et à ne jamais avoir honte. Soyez dans la revendication permanente, exigez toujours une concession de plus, un infléchissement en votre faveur de la politique de votre société. Lorsque vous obtenez quelque chose, ne prenez pas le temps de dire merci : exigez-en plus ! Lorsque les autres font valoir leur point de vue, collez-leur une étiquette et ne les écoutez pas. Si l'on vous résiste au motif que votre action a mené l'entreprise au bord de la faillite, balayez l'argument d'un revers de main, et expliquez sans vous démonter que si l'entreprise en est là, c'est parce que, au contraire, vos prescriptions n'ont pas été suffisamment suivies. En période de crise, mettez les bouchées doubles en matière de revendications et expliquez qu'il n'y a que comme ça que l'entreprise se tirera de ce mauvais pas.

Vous vous demandez peut-être en quoi le *Medef spirit* se distingue du *Syndical spirit* en général. La réponse est simple : ce qui rend le *Medef spirit* si efficace, c'est le fait de clamer que toutes vos revendications ne visent que le succès de l'entreprise et jamais, au grand jamais, votre intérêt privé.

Troisième principe : faire une *busherie* si nécessaire

Quand ça chauffe vraiment, et que les enjeux deviennent importants (n'oublions pas que la présente méthode s'applique aussi bien aux sous-fifres de base qu'aux sous-chefs qui rêvent de passer surchefs), le *Medef spirit* ne suffit plus. En effet, on dira ce qu'on voudra, mais le *Medef spirit* est quand même une approche de petit joueur. Parfois, il faut savoir jouer gros et procéder à une annexion à la sauvage, en prétendant que c'est pour le bien de ceux que vous annexez que vous entrez en guerre. Dès lors, vous ne devez plus reculer devant les dommages collatéraux que votre action pourrait causer (vous référer en cela au premier principe).

Dans des contextes aussi tendus, il est probable que vous ayez à fabriquer de fausses preuves afin de légitimer le déclenchement des hostilités. Ne vous inquiétez pas. Même si vous êtes suffisamment nul pour vous faire prendre, ceux que vous aurez entraînés avec vous ne pourront plus reculer une fois l'annexion déclenchée. Plutôt que de faire marche arrière, ils verront leur propre intérêt et ne songeront même pas à vous plonger dans le goudron et les plumes.

Méthode ISP
(Irrédentisme de Survie Professionnelle)

Passons à présent à la méthode proprement dite. Baptisée méthode ISP, cette technique complexe a été minutieusement élaborée par des seniors consultants en management stratégique des systèmes de ressources humaines économétriques du cabinet JohnsArthur& HarperMcMufflin Consulting, à la suite d'une série d'études et d'observations de terrain, puis présentée en PowerPoint et résumée dans un mémo aussitôt relié, revêtu d'une couverture plastifiée, puis archivé.

Plutôt que de longues explications, nous préférons reproduire ici l'*executive summary* extrêmement clair et synthétique qui figure en première page du mémo. Du reste, ayant payé ce document 350 000 euros, nous comptons bien le rentabiliser.

« *Dans un* professional environment *où les* overpaid *salariés sont constamment charrette et sont contraints de checker leurs mails toutes les* five *minutes, y compris le week-end, la nuit, durant leurs* overpaid *congés et après leur licenciement, l'échec n'est pas une option. Perpétuellement en mode combat, les* overpaid *salariés ne peuvent pas se permettre une réunion non conclusive, un objectif* underachieved, *ou un projet qui ne* fitte *pas avec le marché. Ils doivent être capables de* challenger *la concurrence en vendant du rêve à leurs* underpaying *clients tout en favorisant le développement durable de leur société, même s'ils ne savent pas ce que c'est. La transversalité de la traçabilité, de même que le* multi-tasking *dans le management des processus impliquent d'être au bon endroit au bon moment.*

« La présente étude synthétise et analyse les compétences que les overpaid *salariés doivent développer afin de défoncer la tronche à leurs concurrents en interne pour finir, si possible, n° 2 de leur firme – le n° 1 étant nécessairement un ancien consultant. »*

La méthode ISP s'appuie sur 4 piliers, baptisés les 4 C : cogner, cafter, calomnier, consolider.

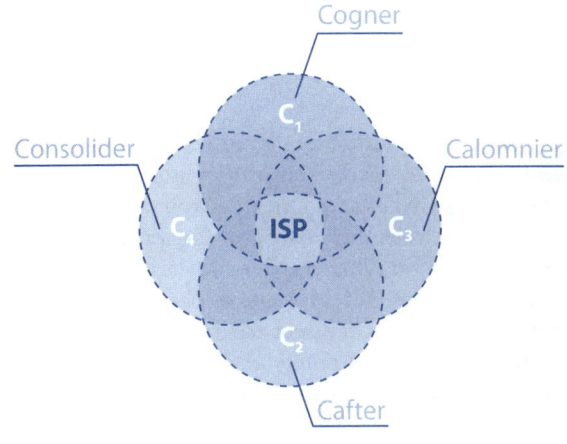

Vous devez constamment garder à l'esprit la règle des 4 C. Se les répéter chaque matin au réveil est un Coué à prendre. Vous pouvez rendre cette méthode encore plus efficace en méditant profondément la signification des 4 C en vous rendant sur votre lieu de travail en métro, en bus ou en voiture, au lieu de lire le journal ou d'écouter Rire & Chansons. Étudions dans le détail ces 4 piliers.

----> C_1 - Cogner

Rappelons en préambule le principe sacré élaboré par les philosophes du sport selon lequel « *la meilleure défense, c'est l'attaque* ». Les sportifs eux-mêmes ont pensé et travaillé ce matériau brut, à l'instar du célèbre Z. Z., spécialisé en son temps dans la technique du coup de boule renversant. En effet, Z. Z. affina le concept jusqu'à élaborer la fameuse technique **CLP (Cogner Le Premier)**, technique qui a, depuis, fait bien des émules, tant dans le monde sportif que politique. La technique CLP est de nos jours quotidiennement utilisée par les porte-parole de partis et les représentants d'opposition, dans une libre adaptation dénommée **CTA (Cogner Tous Azimuts)**.

Cognez donc sur les autres, tous les autres, avant qu'ils ne vous *cognent*. Vous devez savoir anticiper les attaques pour *cogner* le premier, mais vous ne pourrez pas vous passer de *cogner* sur ceux qui ne vous menacent pas. *Cognez* sur tout ce qui bouge, et *cognez fort* : il faut savoir être décisif. Travaillez vos adversaires au corps en les *cognant* le plus souvent possible. Même de petits coups finissent par faire mal lorsqu'ils sont multipliés. *Cognez* sur les points sensibles, dès que l'adversaire baisse sa garde, ainsi que dans les moments où il ne s'attend pas à ce que vous le *cogniez*. *Cognez* sur tout le monde, mais sur les faibles de préférence. Lorsque vous avez porté une botte efficace, profitez de l'effet de surprise pour *cogner* une seconde fois. Enfin, si vous vous retrouvez dans une situation délicate, si vous vous sentez menacé, une seule solution : *cogner.*

----> C_2 - Cafter

Les sociologues du travail ont beaucoup insisté, ces dernières années, sur l'efficacité du caftage en matière de fluidification territoriale au sein des entreprises. Systématisé dans l'approche dite du **BLC (Balancer Les Collègues)**, le caftage a désormais supplanté les méthodes **SES (Souffrir En Silence)** et **SMI (Se Montrer Indulgent)**, très en vogue au temps du plein-emploi, lorsque la dignité et la pudeur imposaient encore leur fastidieuse contrainte et que la délation était encore mal perçue, pour cause de **FHI (Faits Historiques Ignominieux)**. Fort heureusement, depuis quelques années, les travaux conjugués des ministres de l'Intérieur et de l'Immigration, en adaptant à l'échelle de la société la **GDD (Gestion de la Démographie par la Délation)**, ont permis de faire évoluer les choses dans le bon sens, avec d'évidentes retombées économiques positives.

Il est désormais utile, voire recommandé, de faire remonter à la hiérarchie toutes les erreurs, même minimes (cravate mal nouée, fautes d'orthographe, ventre qui gargouille), que peuvent commettre au quotidien vos collègues, assistants, sous-fifres et concurrents directs. Vous pouvez également avoir soin de faire connaître les erreurs de vos supérieurs hiérarchiques à leur propre hiérarchie. Cela peut s'avérer extrêmement utile pour votre promotion interne, et pourrait vous permettre d'être *fast-tracké*. Néanmoins, la prudence est de mise. Ne laissez aucune trace écrite : si votre n+1, que vous avez dénoncé auprès de votre n+2, peut remonter jusqu'à vous, c'est la **CAACT (Charrette Assurée À Court Terme)**.

Nota :
Inutile de perdre du temps à cafter les informaticiens : vous ne pouvez pas leur nuire car ils sont trop bien implantés. De toute façon, tout le monde les déteste déjà.

----> C$_3$ - Calomnier

Dans la version initiale de la méthode ISP, la croix des C ne comportait que trois branches et n'était pas très belle. Cependant, la généralisation de cette méthode aux milieux professionnels a eu des répercussions inattendues, théorisées depuis dans le module **BDLN (Boomerang Dans La Nuque)** de la méthode.

Enrichie de ce module, la *version 2.0* de l'ISP tient compte du fait que, désormais, tout le monde cafte tout le monde, et que, par conséquent, les salariés prennent beaucoup de précautions afin de se couvrir en vue du moment où ils seront à leur tour caftés. Ce phénomène est attribué à la nature désespérante de l'être humain, stupidement pétri qu'il est d'instinct de conservation. C'est pour contrebalancer la perte d'efficacité relative qui en découle que le quatrième C a été adjoint à la méthode ISP, rendant la croix beaucoup plus belle.

Ainsi, **cafter** ne suffit plus. Désormais, le salarié sachant faire preuve d'un minimum d'ambition professionnelle aura soin de consacrer une partie de son temps de travail à **calomnier** l'ensemble de ses collègues, assistants, sous-fifres et concurrents directs. Les concepteurs de ce module insistent sur un point : *une calomnie efficace ne doit pas se disperser*. Vous devez toujours calomnier une même personne dans le même sens, caractérisé par un terme unique.

Exemples :
- stagiaire : **inutile** ;
- responsable du contrôle budgétaire : **incompétent** ;
- chef de l'équipe commerciale : **inapte au commerce** ;
- votre concurrent direct : **faux derche**.

Le cas échéant, et tout particulièrement si vous avez mauvaise mémoire, prenez des notes que vous aurez soin de laisser à votre domicile ou de crypter pour les rendre illisibles (il faudra alors penser à vous souvenir de la clé de cryptage que vous aurez employée ; sachez vous prendre en main, on ne peut pas tout faire pour vous !).

Nota :
Venant d'une seule personne, une calomnie est de peu d'efficacité. En revanche, lorsque toutes les calomnies qui le concernent vont dans le même sens, le calomnié sera à coup sûr évincé à court ou moyen terme. Soyez donc à l'écoute des chuchotements de couloir. Le groupe est plus fort que la somme des individualités, et si vous savez *hurler avec les loups*, non seulement vous serez couvert par votre anonymat, mais vous accélérerez la réalisation de vos objectifs.

----> C_4 - Consolider

Une stratégie d'irrédentisme efficace ne peut se limiter à une simple politique de conquêtes tous azimuts. Voyez Napoléon, qui n'a pas su protéger ses arrières, et qui s'est vu exiler dans une filiale de banlieue sans avenir, dépourvue d'équipes et de moyens, sur une île de l'Atlantique Sud. Ou pire, Danton et Robespierre, qui n'ont pas su assez terroriser leurs ennemis, et qui se sont retrouvés dans une charrette.

Lorsque vous investissez un territoire contigu au vôtre, non seulement vous rencontrez des résistances, mais comme la loi interdit toujours l'assassinat de collègues vous pouvez être certain que ceux que vous aurez évincés, de même que tous vos autres ennemis (à savoir le genre humain en général), se tiendront aux aguets pour vous dégager à la première faiblesse (malaise vagal, cancer ou, pire, objectifs non atteints). Il est donc très important de savoir administrer votre empire. Même si celui-ci ne recouvre qu'une table demi-lune, une armoire à dossiers et un placard à balais, vous devez apprendre à conduire sa destinée ainsi que l'eût fait Alexandre le Grand, l'ancien n° 1 de Macédoine SA.

Première règle, l'**ERA (Envahir et Revendiquer Après)**. Pas besoin de revendiquer avant l'annexion : c'est s'exposer aux résistances et aux coups bas. Déclenchez l'attaque d'un coup, en prenant rendez-vous avec le chef de branche ou en sectionnant la branche du chef. Puis, une fois l'annexion (d'un bureau, d'un gratte-papier, d'une équipe, d'un portefeuille de clients) effectuée, entamez immédiatement le travail de justification et de revendication indispensable à votre **légitimation**. Tout en préparant de nouvelles conquêtes, cela va de soi.

Votre politique de conquête doit toujours sembler justifiée. Cela peut vous paraître une dépense d'énergie inutile (après tout, quand on est chef, on n'a pas à se justifier), mais sur un plan purement stratégique, cette dépense d'énergie-là vous permettra d'en éviter bien d'autres. Ayez à l'esprit de motiver vos annexions pour vous légitimer.

Un gros travail en ce sens peut être accompli à la **machine à café**, lieu stratégique s'il en est, haut lieu de communication au sein des entreprises. C'est là, notamment, que toutes les annexions se commentent, et que les charrettes se passent de commentaires. Après chacune de vos conquêtes, c'est à la machine à café qu'on dira le plus de mal de vous, et c'est là que vous aurez l'occasion de vous défendre, l'air détendu, un gobelet à la main et l'autre main dans votre poche, le triomphe simple et modeste. Profitez de ces instants où vous croisez les collègues que vous avez évincés, les sous-fifres qui viennent de tomber dans votre escarcelle, les concurrents qui vous en veulent à mort. Rien ne vous interdit de vous délecter au passage de leurs mines revanchardes, de leur teint cireux, de leurs cheveux en bataille et des auréoles de sueurs froides qui s'épanchent peu à peu sous leurs aisselles moites de stress. Mais pensez toujours à vous justifier, et à fournir pléthore d'explications rationnelles à votre geste ignominieux. Si quelqu'un s'avise d'émettre une critique ou de vous faire des reproches, vous n'aurez qu'à lui signifier que, à présent, c'est vous le chef et que s'il n'est pas content, sa charrette l'attend en double file.

Astuce

Il est parfois difficile de s'expliquer sur certains Anschluss injustifiables. Si vous trouvez qu'on vous pose trop de questions, si trop de regards soupçonneux pèsent sur vous, contentez-vous de hausser les épaules et les sourcils en déclarant, l'air sombre et le sous-entendu lourd : « Il n'y avait pas le choix. **C'est la crise !** »

Enfin, ne négligez pas le fort pouvoir de conviction des *to do lists* (listes de choses à faire) à rallonge et de la forêt de Post-it envahissant votre bureau et le pourtour de votre écran. N'hésitez pas à mettre le paquet. De façon bien visible, notez sur ces jolis petits papillons colorés que vous devez rappeler tous les plus gros clients de votre société, soulignez les noms des directeurs de branche, encadrez trois fois le nom du PDG lui-même. Dans un recoin, fluo en main, notez-vous de recontacter le ministère dans la semaine. Ajoutez un peu partout des messages codés, des chiffres illisibles, des horaires de rendez-vous fictifs, des missions urgentes à accomplir. Créez un environnement qui vous donne de l'importance, et qui semble justifier vos nouvelles prérogatives : vous êtes une entreprise à vous tout seul ! Votre activité était si débordante que vous-même n'avez pas eu d'autre solution que de déborder sur le territoire des autres.

Cette technique, mineure mais efficace, est connue des spécialistes sous le nom de **STA (Saturation Territoriale Apparente)**. Allez-y, lâchez-vous. Toutefois, faites preuve d'un minimum de finesse, il ne faudrait pas que les autres en viennent à vous considérer comme un imposteur (*cf.* le troisième pilier de la méthode ISP, dont il ne faut pas devenir la victime).

Ne pas avoir l'air d'un barbare

Il est vrai que ce chapitre s'intitule « *Invasion des territoires annexes (sans avoir l'air d'un barbare)* ». Les lecteurs attentifs n'auront pas manqué de remarquer que, jusqu'ici, aucun conseil ne leur a été fourni quant à l'art et la manière d'annexer des territoires sans avoir l'air d'une brute dévorée d'ambition, dont on souhaite intimement la déchéance prochaine et dont on aime à chuchoter à la machine à café que ses dents rayent le parquet (y compris dans les tours de bureaux où l'on trouve plus fréquemment de la moquette ignifugée à bon marché que du parquet, parce que le parquet, ça coûte un bras).

Certes, « ne pas avoir l'air d'un barbare » figurait dans l'intitulé de ce chapitre, mais nous devons à l'exactitude scientifique de préciser ici qu'il ne s'agissait que d'une formule *cosmétique* destinée à rendre notre produit plus sexy afin de nous *donner de la visibilité* et que nos clients viennent nous *manger dans la main*. Dans la réalité, il n'est absolument pas question de ne pas avoir l'air d'un barbare. Au contraire, il est capital d'apparaître comme un gros barbare féroce, illettré et impitoyable. Un être rudimentaire, aux objectifs simples, aux méthodes rudes, prêt à se mettre au service des grands de ce monde tel un molosse éperdu d'amour pour son maître et lancé à la poursuite des arrière-trains croquants que ledit maître signale à sa mâchoire dévouée.

Si, par nature, vous n'êtes pas un barbare, si vous avez plutôt tendance à être raffiné et sensible, capable d'empathie, si vous êtes loyal, compréhensif, fidèle, alors, autant vous le dire tout de suite : vous n'êtes pas fait pour le monde du travail. Votre seule chance de progresser reste de forcer votre nature et de désapprendre cette civilisation encombrante qui vous empêche de vous accomplir dans une carrière épanouie. Il y a peu d'espoir, mais vous pouvez toujours essayer. Faites-vous redoutable, faites-vous redouter. Tapez sur tout ce qui bouge. (*cf.* le premier pilier de la méthode ISP, qui est décidément très cohérente.)

Ne pas avoir l'air d'un barbare : c'était un piège, une hérésie. Vous vous en étiez peut-être rendu compte vous-même ? Félicitations, vous êtes de la graine de PDG.

CHAPITRE 4

MÉTHODE DU MAÎTRE CHANTEUR
ou la tactique de
l'envahissement diffus

S'il est une leçon à tirer de la guerre froide, c'est que lorsque chacun possède une **capacité de nuisance** suffisante, tout le monde a chaud aux fesses et personne ne vient se frotter à personne, ou alors dans des pays suffisamment lointains pour ne pas être gêné par la fumée. On appelle cela l'**équilibre des forces**.

Nul n'est besoin de vous l'expliquer : l'entreprise est plus forte que vous. Elle n'a pas besoin de vous, elle a beaucoup d'argent parce qu'elle ne vous paie pas beaucoup, et son patron a des potes haut placés qui sont prêts à refonder le capitalisme afin d'arranger ses affaires. Mais plutôt que de vous sentir frustré et de battre vos enfants, efforcez-vous d'aborder ces questions d'un point de vue stratégique. Car à l'heure où nous écrivons, il y a encore des lois. Des conseils des prud'hommes. Des informations que certains voudraient garder secrètes. Des hiérarques qui meurent, provoquant des bouleversements d'organigrammes où vous avez tout à gagner.
Organisez vous-même l'équilibre des forces. Faites bloc. Protégez-vous derrière un rideau de fer. Derrière un glacis territorial. Déclenchez des chasses aux sorcières. Mettez-vous dans la poche les cadres du parti.

Bref, utilisez toutes les armes dont vous disposez, et tenez-les braquées sur l'ennemi. Si vous maîtrisez suffisamment l'**art subtil de la menace**, il ne mouftera pas. Peut-être ne parviendrez-vous jamais à entrer dans un processus de détente. Mais à tout le moins, vous parviendrez à une situation de **coexistence pacifique**.

Si vous souhaitez prendre connaissance d'un ensemble exhaustif de tactiques de dissuasion, de méthodes de chantage ou de torture psychologique, nous vous invitons à consulter les archives du KGB. Néanmoins, voici quelques-unes des techniques que vous pouvez facilement mettre en œuvre.

De la discrimination comme arme de dissuasion massive

Nous ne savons pas vraiment qui vous êtes (d'où, d'ailleurs, notre méfiance à votre égard), mais d'après nos statistiques, vous avez toutes les chances d'être un humanoïde d'une grande banalité, payant trop d'impôts et recevant trop peu d'allocations, ayant à nourrir plusieurs bouches d'où ne sortent que des jérémiades et des gros mots, engoncé entre les mensualités du pavillon familial, du break français suréquipé avec malus écologique et de l'écran plasma 80 pouces et 1 majeur pour regarder « Intervilles ».

Bref, vous êtes le type même de l'employé VIRABLE. Nous pourrions aller jusqu'à dire que vous le faites presque un peu exprès d'être aussi bêtement une cible tout indiquée pour le DRH à l'œil fatigué, qui vous observe passant dans les couloirs l'air faussement affairé, en se demandant s'il vous intègre à cette charrette-ci ou s'il vous garde en réserve pour la prochaine.

Il est toutefois possible de vous rattraper sans abandonner vos enfants, ni vendre le pavillon, ni le break, ni, cela va sans dire, l'écran plasma. Une solution s'offre à vous : **la différence** ! Pas n'importe quelle différence, notez-le bien (*cf.* notre chapitre *Marche au pas et lit au carré : techniques de contournement*, dans la partie IV), mais de ces petites différences susceptibles de vous sauver la vie.

Si vous n'avez pas la chance d'être homosexuel, ou handicapé, ou de couleur, ou punk, ou informaticien, tout n'est pas perdu. En cherchant bien, vous trouverez le petit détail qui vous rend différent. Peut-être êtes-vous d'ascendance ch'tie ? ou bretonne ? ou pire (ou mieux, tout dépend de quel côté on se place), corse ou auvergnate ? Vous êtes gaucher, vous êtes roux, vous avez une voix de femme (alors que vous êtes un homme), vous avez de la moustache (alors que vous êtes une femme), vous portez toujours des chaussettes dépareillées, vous portez souvent des chaussures dépareillées, vous aimez les costumes bleu turquoise, vous avez 25 ans et vous perdez vos cheveux, vous avez 50 ans et vous avez encore des cheveux... Bref, il y a bien quelque chose chez vous qui cloche. Vous y êtes ? C'est gagné ! Vous devenez INVIRABLE. Le jour où votre téléphone retentira, et que vous vous retrouverez convoqué à la direction des ressources humaines, vous n'aurez pas à vous y rendre en baissant la tête, livide, transpirant, tremblotant, en passant honteusement sous les regards narquois de vos collègues en sursis. Au contraire, vous vous y rendrez la tête haute, et le nœud de cravate orgueilleux.

L'**entretien** se déroulera comme suit. Tout d'abord, la largeur du sourire du (ou de la) DRH sera inversement proportionnelle au caractère réjouissant des nouvelles qu'il ou elle aura à vous annoncer. Son premier mot sera : « Bien. » Puis il vous expliquera à quel point la société se porte mal.

Que suite à ses récentes acquisitions, elle se trouve à court de liquidités. Qu'après avoir distribué l'essentiel de ses bénéfices aux actionnaires, elle rencontre de grandes difficultés pour réaliser les investissements que le contexte économique difficile rend indispensables. Cela peut durer longtemps (tout dépend du quota de salariés que le [ou la] DRH est supposé[e] dégager par jour). Mais ne vous gênez pas pour mettre rapidement fin à cet accès de baratin :

« N'en dites pas plus. Vous allez me virer. »

Le DRH ne verra rien venir, trop pressé de rectifier :

« Pour être plus exact, nous allons être contraints de nous séparer de vous. Mais soyez assuré que…

— Je vois, l'interrompez-vous encore. *C'est le délit de sale gueule. Je suis le mouton noir. La cinquième roue du carrosse. Le treizième à la douzaine. Le vilain petit canard. La mouche du coche. Cendrillon. Cosette. La Belle au bois dormant. Justine ou les malheurs de la vertu. Les Cent vingt journées de Sodome. La Philosophie dans le boudoir… »*

Continuez ainsi jusqu'à ce que le DRH, dans sa stupéfaction, trouve ses mots pour vous demander à quoi vous faites allusion.

*« C'est dû à ma particularité, c'est ça ? C'est parce que je suis roux, gaucher, anglican ? Parce que je porte des chaussettes dépareillées ? Ça n'a pas plu, ça, en haut lieu, n'est-ce pas ? C'est à cause de mon costume arc-en-ciel ? Ça fait tache, dans votre entreprise bien proprette, HEIN ! Mais je n'ai pas dit mon dernier mot ! C'est de la DISCRIMINATION ! Nous allons voir ce que la Halde, les prud'hommes et le ministère de l'Identité nationale vont penser de cela. Je vois déjà les gros titres : "**Un***

roux licencié parce qu'il était gaucher, avec une voix de femme." Cette affaire va aller loin, croyez-moi, je ne vais pas me laisser faire, j'irai jusqu'au bout! »

Mais probablement n'aurez-vous pas à en dire autant. En retournant dans votre bureau, sauvé, pensez à savourer la sonnerie du téléphone qui retentira dans le bureau de votre voisin. Souriez-lui en passant.

Trouvez votre facteur discriminant : méthode

• Appelez votre mère. Pour elle, vous êtes unique au monde, elle saura mettre le doigt sur ce qui fait de vous un être différent.

• Demandez à votre compagnon/compagne. Il/elle subit vos petites manies et vos gros défauts à longueur d'année et aura sans doute une réponse très spontanée à vous fournir. **Attention** toutefois, cette option comporte un risque conjugal majeur.

• Entamez une psychanalyse. Mais seulement si vous n'êtes pas pressé, car il se pourrait bien qu'il se passe une grosse dizaine d'années entre le début de votre travail et le moment où vous découvrirez quelque chose d'intéressant – et d'officialisable.

Technique de l'emmerdement maximal en bout de chaîne

Cette technique n'est pas utilisable dans toutes les circonstances, mais il peut être utile de la connaître, afin d'en faire usage le cas échéant.

Observez bien l'organigramme de votre entreprise. C'est une sorte d'arbre, de buisson, de motte. Vous remarquez que certaines branches de ce buisson poussent en liberté, à l'air libre : toute entreprise possède un certain nombre de fonctions dites de **bout de chaîne**. À savoir que ces fonctions sont incarnées par des créatures du travail desquelles dépend celui de nombreux êtres humains, mais qui, elles, ne dépendent de personne, strictement.

Ces créatures, qui attendent généralement la préretraite sans cacher leur impatience (même si elles n'ont que 24 ans), se font un plaisir de vous répondre que ce que vous leur demandez est impossible. Dans des mails monosyllabiques, et sans s'encombrer de vous dire bonjour ni *Cdlt* (*cf.* notre chapitre *L'Inflation verbale ou l'art de faire prendre des vessies pour des lustres versaillais [théorie par l'exemple]*, dans la partie I). Si vous leur téléphonez, vous illuminez leur journée : « NON ! » s'écrient-ils, avant de vous raccrocher au nez avec délectation. Une boule dans la gorge, vous appelez leur hiérarchie pour vous plaindre. Laquelle vous répond qu'elle ne peut rien faire. Vous appelez donc la vôtre, de hiérarchie. Vous vous prenez un savon. Après quoi, vous appelez votre maman pour pleurer. Ou bien le Pôle emploi.

Au cours de votre carrière, vous serez fréquemment victime de cette technique de guérilla cruelle, à la limite du terrorisme : *l'emmerdement maximal en bout de chaîne*. Mémorisez-la bien, et ayez confiance : votre heure viendra. Quand ce sera votre tour d'emmerder autrui au maximum, pas de doute, vous vous ferez sacrément plaisir.

Facebook ou la Stasi facile

Pas besoin de vous faire un dessin. Soyez copain sur Facebook avec tous vos ennemis, c'est-à-dire tous vos collègues. Dès lors, il ne vous reste qu'à faire quelques heures sup à la maison, afin de récolter toutes les informations compromettantes que ceux-ci ont la bêtise de divulguer *via* cet exceptionnel portail de **renseignement général**. N'épargnez pas votre peine : tout peut servir. Les photos de soirées les montrant en état visible d'ébriété, en tenue légère ou déguisés en pompe à essence. Les mentions concernant leur vie privée, leurs difficultés sentimentales, leur orientation sexuelle, leurs vices, leurs habitudes inavouables qu'ils s'empressent de rendre publiques. Les photos de leurs mauvaises fréquentations, de leurs tristes conjoints, de leur famille dégénérée, de leur exécrable progéniture.

Toutes informations que vous saurez divulguer au moment opportun, diffuser sur le réseau interne de l'entreprise, transmettre à qui de droit. Les victimes ne pourront pas vous reprocher de les avoir sabordées : elles se seront sabordées toutes seules.

Un conseil, toutefois. Ôtez immédiatement de votre profil Facebook ces photos ridicules, les jeux de mots débiles sur le patronyme de votre n+1, les commentaires hilares de vos copains qui s'éclatent en racontant votre dernière cuite ou en faisant le décompte de vos derniers râteaux en boîte.

Botte secrète

Une façon efficace d'évincer un gêneur est de faire savoir à ceux que cela peut intéresser que ledit gêneur consacre une part considérable de son temps de travail à échanger des blagues *via* Facebook. Une information vite lâchée, l'air de rien, aisément vérifiable, et dont les conséquences peuvent être incalculables. Prenez toutefois la précaution de préciser que vous avez découvert cette info savoureuse un jour de RTT. Gare à l'effet boomerang.

TROISIÈME PARTIE

PATRONS ET SOUS-FIFRES :
STRATÉGIES DE GESTION

LE SOUS-FIFRE · VOUS · LE COURSIER · L'INFORMATICIEN · LA SECRÉTAIRE ACARIÂTRE · LE CHEF

Les « relations humaines ». Le mot est lâché.

Au cours de votre carrière, vous entendrez souvent parler de l'« humain », terme qui s'accompagnera en général d'une mimique significative appropriée au contexte. Pour bien comprendre ce terme abscons, qui n'a naturellement rien à voir avec le monde de l'entreprise, voici un premier conseil : lorsque vous entendez le terme « relations humaines », comprenez « rapports de force ».

D'un seul coup, tout deviendra clair.

D'ores et déjà, vous découvrirez dans les pages qui suivent le fin du fin de la gestion des « relations humaines ».

CHAPITRE UN

LES COLLÈGUES
ou l'art de la diplomatie sélective

« *La grande entreprise agglomère dans un même endroit une foule de gens inconnus les uns aux autres. Mais le maintien du salaire, cet intérêt commun qu'ils ont contre leur maître, les réunit dans une même pensée de résistance-coalition. Les coalitions se forment en groupe, et, en face de la direction, le maintien de l'association des salariés devient plus important que celui du salaire. Solidarité et résistance vont alors de pair dans une défense des intérêts communs.* »

Et ils vécurent heureux et eurent beaucoup d'enfants…

Oubliez ce conte de fées, cette histoire de Bisounours que le vieux Karl aimait à raconter à ses petits-enfants, le soir au coin du feu de pneus et de palettes. « Coalition », « intérêt commun », c'est un langage utopique. Naïf. Niais. Des propos de stagiaire. N'espérez pas un seul instant pouvoir compter sur vos collègues pour vous défendre, ni pour avoir le moindre égard à votre endroit. Aujourd'hui, c'est **chacun pour soi**. Autrefois aussi, d'ailleurs. Réprimez en vous le moindre élan de solidarité. L'entreprise est une jungle. Un lieu dangereux et féroce où vous n'avez aucun allié.

Cependant, vous ne pouvez survivre seul. Vous avez à tout moment besoin de l'un ou l'autre de vos collègues, ne serait-ce que pour qu'il fasse sa part du boulot, celle que vous ne voudriez pas avoir à faire. Vous êtes donc dans l'obligation de lier de temps à autre des **alliances de circonstance**. C'est ce que l'on appelle la **diplomatie sélective**.

Il existe plusieurs types d'alliances, chacune ayant son utilité propre. L'art de la diplomatie sélective ne se pratique pas de la même manière selon que vous ayez besoin que le coursier vous ait à la bonne ou que vous cherchiez à obtenir des avantages de votre patron.

La typologie qui suit ne prétend pas à l'exhaustivité. Elle n'est qu'indicative, mais se propose de vous donner suffisamment de clés pour que vous soyez ensuite en mesure de nouer vous-même vos propres alliances, comme un grand.

Le collègue lambda ou « à toutes mes fins utiles »

Dans votre vie professionnelle, il vous arrivera trop souvent d'avoir besoin d'un coup de main ou d'une information. C'est-à-dire qu'il vous faudra des alliés, à choisir nécessairement parmi les individus haïssables qui peuplent votre quotidien de bureau, tous ces lambda que vous méprisez. Comment faire alliance avec un rival, ou, pire, un sous-fifre détenteur de ce dont vous avez besoin, et à qui vous n'avez jamais daigné adresser la parole ?

En réalité, vous ne devez pas vous inquiéter de cela. Si vous évitez de chausser vos gros sabots, votre approche a peu de chances d'éveiller le soupçon. Pourquoi ? Parce que nombreux sont les salariés qui n'ont pas ou plus d'amis, et souhaitent faire des connaissances. Aussi curieux que cela puisse paraître, c'est une pratique relativement courante. Certaines personnes possèdent en elles cette effrayante perversion qui consiste à continuer à vouloir se faire suer le week-end avec les personnes auprès desquelles elles se font braire la semaine. Question d'habitude. Les statistiques matrimoniales sont là pour le prouver. Finalement, à quoi bon risquer les mauvaises surprises en s'aventurant à la rencontre de gens totalement inconnus, alors que l'on est entouré de collègues qui nous connaissent et avec lesquels les relations sont déjà largement balisées? C'est ainsi que nombre de couples se forment sur le lieu de travail. Un cas fréquent de déviance de la perversion citée plus haut. Un cas gravissime, et probablement incurable.

Il y a donc de fortes chances pour que Lambda ne dédaigne pas l'amitié que vous aurez à lui offrir. Devenir son ami de travail s'avérera d'une simplicité enfantine. Il vous suffira de jouer la complicité. Se moquer d'un autre collègue (en s'étant préalablement assuré que l'un et l'autre ne sont pas potes) en prenant Lambda à témoin. Puis faire à Lambda un clin d'œil complice. Saluer Lambda dans les couloirs comme si Lambda était vraiment quelqu'un. Offrir un café à Lambda. Proposer à Lambda de déjeuner avec vous à la cantine. Écouter Lambda vous raconter ses vacances en Rhénanie du Nord.

Nota :
Si Lambda n'est pas du même sexe que vous, vous devrez ralentir considérablement votre approche, sans quoi Lambda pourrait vous accuser de harcèlement sexuel (si c'est une femme) ou tenter de vous embrasser dans le local de la photocopieuse (si c'est un homme).

Votre approche de Lambda sera généralement facilitée par le fait que, pour Lambda, c'est vous qui êtes un lambda. Les informations ou le pouvoir que vous détenez, ou les coups de main que vous pouvez refiler, vous seront d'un secours précieux. Car Lambda ne cherche pas qu'à se faire des amis. Comme vous, il souhaite éviter la prochaine charrette, voire obtenir de l'avancement. Et comme vous, il compte bien faire siens vos atouts pour parvenir à ses fins. Aussi, s'il ne tarde pas à vous témoigner une chaleureuse amitié, ne vous dites pas trop vite que vous êtes un as. Lambda est simplement en train de vous utiliser. C'est ça, la diplomatie.

La secrétaire acariâtre ou « c'est bien parce que c'est moi »

Dans le cœur sec et triste de toute secrétaire acariâtre se cache une ancienne groupie de Cloclo, rigolarde et délurée. Aussi, sachez décrypter dans ses « NON ! » têtus, ses insinuations caustiques, ses phrases assassines et sa mine de charbon les traces de l'humour et de l'excentricité qu'elle cache au fond d'elle-même. Ne vous laissez jamais démonter, trouvez-la géniale, pleine d'extravagance et de second degré. Quand elle vous envoie paître, riez. Quand elle vous ignore, pouffez. Quand elle vous raccroche au nez, injuriez-la copieusement (elle ne vous entend plus, et ça soulage).

À force que vous la trouviez géniale, la secrétaire acariâtre finira par avoir envie de vous croire un peu. Elle aura pour vous des gentillesses dont elle privera tous les autres. Toujours aussi acariâtre, sèche et mal embouchée, vous noterez l'œil espiègle qu'elle fixera sur vous par-dessus ses lunettes après chacune de ses saillies, attendant comme un enfant qui fait l'intéressant de voir en vous le reflet de son humour impayable. Dès lors, il ne sera plus besoin d'insister pour obtenir quoi que ce soit d'elle ; vous demanderez, elle répondra : « NON ! », sur quoi vous vous écrirez : « Sacrée Françoise ! » avant de vous éloigner. C'est là qu'elle fera ce que vous lui aurez demandé, parce que vous serez devenu son chouchou.

Mais vous ne serez pas obligé de l'aimer pour autant.

Le coursier
ou « je t'aime pas, moi non plus »

La différence entre un stagiaire et un coursier, c'est que le coursier sent les gaz d'échappement. Pour le reste, ces deux personnages que l'entreprise offre de côtoyer se ressemblent en tout point. Les retards. La glande. L'effronterie. L'imperméabilité totale à la moindre consigne.

Afin d'échapper à quelques courses, le coursier développe des techniques d'une incroyable finesse et d'une fantastique complexité. Vous n'avez pas vraiment besoin de lier des relations avec lui. D'abord, vous n'avez que rarement à faire appel à lui, ensuite, il est très mal vu auprès de la direction. Vous n'avez donc aucunement intérêt à vous afficher avec lui.

Cependant, le coursier détient un pouvoir magique : celui de vous faire perdre du temps. S'il décide qu'il est trop tard pour aller porter un pli urgentissime, que sa journée est « presque terminée » (il est déjà 15 heures) et que, par conséquent, vous devrez attendre le lendemain, vous prenez une demi-journée dans la vue. Vous savez parfaitement que ce qui risque de vous planter votre dossier, donc votre promotion, c'est la partie de flipper qu'il a programmée au saloon des coursiers, devant lequel sont alignées leurs monstrueuses montures aux moteurs deux-temps surboostés.

Mais vous n'y pouvez rien. Le coursier est aussi indéboulonnable que désagréable : c'est un sous-traitant. La société qui l'emploie est la seule qui ait accepté de travailler à un taux horaire digne de l'Europe de l'Est, voire de la Chine. Il faut faire avec. Avec lui, vous n'avez pas besoin de faire ami-ami ; du reste, c'est impossible, car vous ne disposez pas d'une mobylette surboostée et vous êtes nul au flipper, donc il vous méprise. Cependant, n'hésitez pas, lorsque vous le croisez à la machine à café (et que vous êtes seul avec lui), à lui offrir un petit noir serré, carburant qu'il absorbe en grande quantité pour se tenir éveillé et éviter de passer sous un autobus avant la partie de flipper de 16 heures. À tout le moins, votre visage lui sera familier, et sera associé dans son moteur deux-temps à une sensation agréable. Grâce à quoi votre prochain pli urgent pourrait partir en temps et en heure.

L'informaticien
ou « la rencontre du troisième type »

Voici LE cas. Le problème épineux, la difficulté suprême. S'il daigne répondre à une question que vous lui posez, vous ne risquez pas de comprendre sa réponse, mais vous comprendrez qu'il vous prend pour un demeuré. L'informaticien n'est JAMAIS disponible quand vous avez besoin de lui. Créer du lien avec lui (c'est comme ça qu'on dit) relève de l'exploit, puisque ses centres d'intérêt sont exclusivement constitués de 0 et de 1. Les ordinateurs, les programmes, les langages informatiques sont les seules choses qui le fassent vraiment vibrer. Il n'hésite pas à dire à ses amis informaticiens qu'un bel algorithme vaut toutes les œuvres d'art. Que le langage turbo pascal dépasse de très loin tout ce que Michel-Ange a jamais pu peindre. Bref, aucun moyen de communication avec cette créature à baskets et à chemise à fleurs.
L'informaticien n'a d'amis que des gens qui lui ressemblent (en blond, en brun, en grand, en petit, en barbichu ou en

jupon, ces énergumènes sont à peu près clonés), avec lesquels il communique en réseau, depuis son appartement d'où il ne sort que pour se rendre au travail ou chez le vendeur de pizzas aux 30 fromages.

Donc, rien à faire, l'informaticien est un être étrange, inabordable, lointain. Et pourtant vous avez besoin de lui. C'est lui qui reconfigure votre boîte mail lorsque vous avez tout fait disparaître de votre écran. C'est lui qui récupère les boîtes noires de votre disque dur lorsque celui-ci s'est crashé. C'est lui qui pourrait vous indiquer les jeux installés sur votre ordinateur, que vous avez désespérément cherchés durant les rendez-vous à l'extérieur de votre n+1.

L'informaticien pourrait donc être un allié de poids. Malheureusement, il n'existe pas de méthode analogique pour s'attirer ses faveurs.

Certains avancent néanmoins qu'une démarche particulière pourrait être suivie d'effets : allez trouver l'informaticien (pas à son bureau : à la machine à café), et demandez-lui conseil sur des questions qui l'intéressent. En d'autres termes, parlez-lui de jeux vidéo. *« Excuse-moi de te déranger, Lenerd, mais je me demandais si tu t'y connaissais en jeux en réseau ? »* Il lèvera les yeux, surpris que vous ne veniez pas le voir pour un problème qui vous semblerait insoluble et qu'il aurait résolu en dix secondes. Il vous gratifiera d'un hochement de tête, ce qui est déjà, pour l'informaticien, une forme d'interaction avec l'être humain.

C'est là que vous dégainez la question que vous avez préparée en compulsant un magazine spécialisé, une question pertinente sur le dernier jeu à la mode. *« Il paraîtrait que Destructor IV serait nettement moins puissant que Laminator III. Mais j'ai du mal à le croire, étant donné la qualité de l'interface et des graphismes de Destructor III. Tu en penses quoi, toi ? »* L'informaticien va hausser les épaules et pousser un petit soupir avant de vous expliquer qu'aucun de ces deux jeux ne vaut tripette et que c'est plutôt vers Exterminator V qu'il faut vous orienter.

À partir du moment où l'informaticien est lancé, vous risquez d'y passer la journée. Néanmoins, ça y est, vous êtes entré en communication avec l'homme-algorithme. Réitérez l'opération de temps à autre (allez éventuellement jeter un œil à Exterminator V, comme il vous l'a conseillé). Il est alors possible que, la prochaine fois que vous lui demanderez un service, l'informaticien vous fasse mariner moins d'une semaine avant de venir résoudre votre problème. N'en faites cependant pas trop avec lui. Il est habitué à la flatterie et n'y est aucunement sensible. Les jugements des autres humains, fussent-ils les plus élogieux qui soient, sont sans effet sur lui.

Le chef de service ou « la diplomatie par le cirage »

Nous n'aborderons pas ici l'art de la diplomatie avec le chef de service, il nous a paru plus judicieux de traiter ce sujet directement dans un chapitre ayant la flagornerie pour sujet. En effet, avec vos supérieurs, la diplomatie n'existe pas. Seule la plus basse flatterie peut présenter quelque utilité.

CHAPITRE 2

LA HIÉRARCHIE
ou comment flatter son chef
sans avoir l'air d'un flagorneur

« *À la sortie d'HEC, j'étais convaincu que la compétence, la créativité, l'engagement et l'appât du gain étaient les facteurs essentiels qui conditionnaient une carrière réussie. C'était, en substance, le contenu de notre formation d'excellence. Du moins, si j'ai bien compris, car j'ai parfois du mal à relire mes notes, figurez-vous que je suis gaucher.*

« *Bref, pour moi, tout reposait sur votre travail. Le 4 × 4 avec pare-buffle, la villa avec piscine à bulles, le parachute doré et la retraite-chapeau me viendraient tout naturellement, à la condition que je ne ménage pas ma peine et que je travaille sur ordinateur sans trop avoir à relire mes notes. Le mot "flagornerie" était pour moi un mot sale, un peu comme les mots "marxisme", "bravitude", "partage" ou "bien collectif".*
— Moi, flatter bassement un chef? Jamais! m'exclamais-je aux soirées d'anciens, lorsque j'avais un peu trop forcé sur la liqueur de cassis.

« *Aussi ai-je entamé ma carrière sans jamais flagorner, ni lécher la moindre botte. Je me contentais de travailler. Je pensais que ça payerait. Je voyais certains collègues manier avec assiduité la brosse à reluire, ne manquant jamais une occasion de passer de la pommade à leurs chefs, et je trouvais cela aussi vulgaire qu'une Patek Philippe au poignet d'un agent de sécurité de supermarché. J'étais persuadé que les chefs trouvaient lamentables ces attitudes serviles, que cette basse flagornerie desservait ceux qui y avaient recours. J'étais convaincu que mon attitude digne et professionnelle séduirait bien mieux ceux qui répartissaient les bonus et les promotions.*

« Mais bientôt, il me fallut me rendre à l'évidence. Ma carrière ne décollait pas. Déjà deux ans d'expérience, et mon plan épargne logement ne comptait que six chiffres. Je roulais honteusement dans un ridicule roadster à 300 cœurs (NdT : "cœurs" signifie "kEuros", c'est-à-dire "milliers d'euros"). *Tandis que mes collègues lèche-bottes, eux, étaient montés en flèche, comme les cours du pétrole et le prix des yaourts. Déprimé, submergé par l'incompréhension, j'ouvris mon cœur* (NdT : ici, il s'agit de l'organe central de l'appareil circulatoire, dont traders et banquiers disposent également, dans un modèle biturbo de 350 CV) *à un ami. Immédiatement, il comprit ce qui n'allait pas :*

— Flagornes-tu, au moins ? me demanda-t-il.

— Moi, flatter bassement un chef ? Jamais ! m'exclamai-je, car j'en étais déjà à ma troisième piña colada.

— Mon vieux, me dit-il, si tu t'obstines à ne lécher aucune botte, tu es foutu. Ta carrière ne décollera jamais. Au contraire, elle risque de faire un atterrissage forcé par grand vent, avec un moteur en panne et le train d'atterrissage bloqué.

Avant de rouler sous la table, il eut le temps d'ajouter :

— Retiens bien cette phrase : "Sans flagornerie, point de Ferrari."

« Dès lors, je m'employai à flagorner de mon mieux. Il y eut un temps de formation, mais comme je suis très doué, j'ai très vite appris. Je flagornais sans cesse. Je flagornais le matin, je flagornais au déjeuner, je flagornais en réunion. Je flagornais par mail et au téléphone. Je flagornais par la parole, mais aussi par les yeux et les gestes. À la machine à café, je

flagornais. Dans les ascenseurs, je flagornais. Même en prenant ma douche ou en dormant, je flagornais. À présent, je suis le numéro 2 de ma boîte, et tout le monde me lèche les bottes. »

Philippe Auckritt, in *La Jaguar de mon père et la Retraite-chapeau de ma mère*, éditions Thong et Spadrille (2007).

Nous avons choisi de reproduire *in extenso* ce témoignage fort éclairant, qui devrait aisément vous convaincre de la nécessité absolue de **flagorner sans pitié**, comme un gros chacal, votre hiérarchie. Sans une bonne dose de flagornerie, point de salut. Néanmoins, ce conseil, pour avisé qu'il soit, doit se compléter d'un certain nombre de précisions.

Car la flagornerie est un art difficile. Périlleux. Un mauvais flagorneur a tôt fait d'être repéré et classé parmi les éléments les plus méprisables de l'entreprise. Le problème n'est pas qu'il flagorne, mais qu'il flagorne *mal*. Détesté par ses collègues, rejeté par sa hiérarchie, il se retrouve en position précaire. À chaque charrette (on dit « plan social », paraît-il), il tremble et claque misérablement des dents. Si vous devez impérativement flatter sans vergogne vos supérieurs, ils ne doivent pas s'en apercevoir. Ils doivent croire que vous les adorez, que vous les vénérez *vraiment*. Que de travailler sous leurs ordres aura été la chance de votre vie. Que jamais vous ne songeriez à vous passer d'eux. Que vous vendriez père et mère pour continuer d'être leur sous-fifre.

Note préliminaire :
exemples à ne pas suivre

Vous tentez une approche auprès de votre n+2 (le chef de votre chef, un appui indispensable en cas de léger différend avec votre n+1, c'est-à-dire votre chef).

• « *D'après les renseignements que je tiens de source sûre au sujet des rapports d'activité de l'exercice achevé, je crois pouvoir affirmer que l'annonce de nos résultats fera pâlir d'envie tous les autres services, et taire une bonne fois pour toutes tous vos détracteurs.* »
=> Trop gros. N'étant que chef du rayon choucroute, il n'y a aucune chance que vous ayez pu vous procurer les résultats avant qui que ce soit. Ensuite, le n+2 ne retiendra de votre propos que l'évocation de ces fameux « détracteurs ». Il va vous cuisiner sans relâche jusqu'à ce que vous donniez des noms. Acculé à la dénonciation (passe encore) ou à la calomnie (passe aussi), vous serez contraint de prendre des risques, ce qui n'était pas le but de votre démarche.

• « *Vous avez vu nos résultats trimestriels ? Extraordinaires, n'est-ce pas ? Tout ça, c'est grâce à mon chef. Grâce à sa compréhension inouïe du marché. Grâce à sa créativité débordante. À sa compétence affolante. En plus, j'ai trouvé son discours d'hier remarquable. Visionnaire. Porteur de projets pour les vingt années à venir. Et je ne vous dis pas ça parce que vous êtes son frère. Ni pour que vous le lui répétiez. Je suis sincère. Vraiment sincère.* »
=> Ne dites pas que vous ne feriez jamais un truc pareil, plus d'un ambitieux s'y est fait prendre. Tentez ce genre d'approche et, dès le lendemain, votre surnom officiel sera « le lèche-cul de service ».

• *« Je suis venu vous voir car il vaut mieux s'adresser au bon Dieu qu'à ses saints. C'est le doigt même de l'Éternel qui a, dit-on, gravé dans la pierre des Tables de la Loi les dix commandements sacrés de la civilisation judéo-chrétienne, avant de charger Moïse d'en transmettre l'héritage au peuple pour les siècles des siècles. Monsieur le directeur, je veux être votre Moïse. Faut-il refaire commande d'un lot de ramettes de papier pour la photocopieuse ? »*
=> Disproportionné, et trop emphatique. Pourrait poser problème si votre n+2 est musulman ou scientologue.

• *« Je vous aime. Voulez-vous m'épouser ? »*
=> Exagéré. Surtout si votre n+2 est du même sexe que vous.

• *« Que vous êtes joli ! Que vous me semblez beau ! Sans mentir, si votre ramage se rapporte à votre plumage, vous êtes le phénix des hôtes de ces bois. »*
=> Déjà vu. Vous risquez de vous faire repérer.

À présent que nous avons détaillé quelques-uns des innombrables contre-exemples que nous fournit le tristement réel quotidien des entreprises, nous allons vous donner quelques clés pour bien faire. Le secret de la **flagornerie efficace** est le suivant : votre stratégie flagornatique doit s'adapter à votre cible flagornatoire. Elle doit prendre sa forme. Lui coller à la peau comme un bas de contention. Avant de vous jeter à l'eau flagornique, vous devez connaître à fond le profil flagornable de votre cible. Ainsi, vous aurez la flagornerie subtile, millimétrée, pertinente. Trouvez les bons axes flagornitaires et vous n'aurez plus de limites. Vous n'aurez à craindre aucun excès de flagornitesse. La grille d'analyse qui suit devrait vous être d'une aide précieuse.

GRILLE D'ANALYSE FLAGORNITALE DU N+1 : LA TECHNIQUE DU PROFILER

Afin de mettre au point une structure flagornipède efficace, vous devez établir le profil de votre cible flagornatoire, dans le détail. Répondez précisément aux questions qui suivent. Au besoin, renseignez-vous. Le profilage est une étape importante qui peut prendre plusieurs semaines. À effectuer durant vos heures de bureau, afin d'éviter tout surmenage.

DESCRIPTION GÉNÉRALE DE VOTRE N+1 :

☐ Homme ☐ Femme Âge :_ _ _ _ _

A-t-il des cheveux : ☐ oui ☐ non

Si oui leur couleur est : ☐ blond ☐ brun ☐ roux ☐ autre : _ _ _ _ _ _ _

☐ Gros ☐ Maigre

☐ Maladif ☐ Sportif ☐ Les deux

☐ A-t-il mauvaise haleine ☐ De grands pieds

☐ D'autres tares dont il pourrait tirer d'évidents complexes : _ _ _ _ _ _ _ _ _ _ _ _

SES ORIGINES :

☐ 16e arrondissement ☐ Autre inavouable :_ _ _ _ _ _ _ _ _ _ _ _ _ _ _ _ _ _ _

☐ Français de souche ☐ Étranger de souche

Cas difficiles : ☐ Breton ☐ Corse ☐ Alsacien ☐ Marseillais

ORIENTATION SEXUELLE :

Orientation sexuelle officielle : ☐ Hommes ☐ Femmes ☐ Les deux ☐ Autre : _ _

Orientation sexuelle réelle : ☐ Hommes ☐ Femmes ☐ Les deux ☐ Autre : _ _ _ _

SA FAMILLE :

☐ Célibataire ☐ Marié ☐ Divorcé

A-t-il des enfants : ☐ oui ☐ non

Si oui combien : _ _ _ _ _

Quels sont leurs prénoms : _

A-t-il des animaux de compagnie : ☐ oui ☐ non

Si oui : ☐ Caniche ☐ Doberman ☐ Yorkshire ☐ Hamster

Si les enfants sont grands, quelles études font-ils : ☐ La classe ☐ La honte

Ses parents sont-ils encore vivants : ☐ oui ☐ non

Si oui, quand compte-t-il les mettre à l'hospice : _ _ _ _ _ _ _ _ _ _ _ _ _ _ _ _ _ _ _

Sa haine pour sa belle-mère est-elle : ☐ Mortelle ☐ Simplement virulente

SA SITUATION :

☐ Paris *intra-muros* ☐ Province

☐ Banlieue cossue ☐ Zone pavillonnaire ☐ Quartier bobo

Comment vient-il au travail : ☐ Métro ☐ Auto ☐ Vélo ☐ Hélico

SES ÉQUIPEMENTS :

Inscrit sur Facebook : ☐ oui ☐ non

Équipé d'un téléphone qu'on manipule en salissant

l'écran avec ses doigts gras : ☐ oui ☐ non

☐ Oreillette ☐ Mode mains libres

☐ 4 x 4 à pare-buffle ☐ Monospace familial

☐ Sèche-linge ☐ Machine à pain

SES GOÛTS ET LOISIRS :

Sport : ☐ Golf ☐ Tennis ☐ Voile

☐ Streetball ☐ Bagarre de rue (peu probable) ☐ aucun

Pêche : ☐ Au fusil ☐ À la mouche ☐ Au cyanure ☐ À la dynamite

Plat préféré : _ .

Destination de vacances préférée : _

Peintre préféré : _

Opéra préféré : _

Chanson préférée de Mireille Mathieu : _

Il lit : ☐ Le Monde ☐ L'Équipe

Il regarde : ☐ CNN ☐ MTV

Il regrette : ☐ Guy Lux ☐ Léon Zitrone ☐ Les deux

Ça y est, votre n+1 est profilé (prononcer « profaïlé »). Vous avez à présent toutes les cartes en main. Vous savez quels sujets de conversation choisir au déjeuner ou à la machine à café. Qui et quoi encenser. Quel métier. Quel modèle de voiture. Vous savez où partir en vacances. Quel sport pratiquer. Si vous devez aller à la messe. En français ou en latin non sous-titré. Quel plat vous devez apprendre à cuisiner. Quelle marque de chaussures porter. Quel appareil dernier cri ne pas acheter. Du moins pas avant qu'il ne l'ait.

Vous savez également quels sujets ne pas aborder. Ceux qui lui font honte, ceux qui lui font de la peine. Sauf si cela vous permet de devenir son intime ou de le précipiter dans la dépression afin de lui piquer sa place.

Nota :
Une des raisons qui incitent à prendre son temps pour « profaïler » un chef, c'est que vous ne pouvez pas directement lui poser toutes vos questions. Si vous lui demandez que font ses enfants et qu'il vous répond : « Ils sont morts », vous aurez vraiment la honte. Vous devez donc collecter vos informations avec doigté et prudence. Pas seulement auprès de lui, mais aussi sur Internet, auprès de vos collègues, des services de police, des Renseignements généraux, via des écoutes téléphoniques ou un détective privé.
Consacrez-y le temps qu'il faudra. Ne lèche pas juste qui veut. La lèche est un travail de longue haleine.

Cas particulier : le chef zéro défaut

Il peut arriver que votre supérieur hiérarchique immédiat soit plus jeune que vous, qu'il ait fait un an de spécialisation en technique de management à l'École polytechnique ou dans une prestigieuse université américaine, et qu'il ait adopté les méthodes faussement décontractées et englobantes pratiquées dans ces contrées barbares.

Il vous appelle par votre prénom et vous dit « tu », et vous demande de faire de même. Il vient vous serrer la main chaque matin vous présentant un sourire parfait, véritable chapelle Sixtine de l'orthodontie. Il vous tape dans le dos si vous êtes un homme, il se montre d'une douceur exquise si vous êtes une femme, et passe le plus clair de son temps à vous motiver, à positiver, à mettre en place un réel esprit d'équipe qui permettra à son service d'exploser les objectifs si chacun y met du sien et que tous se serrent les coudes. Bref, c'est pas de bol : vous êtes tombé sur le **chef zéro défaut**. Un être abject, haïssable.

Dans ce cas précis, la science n'a pas encore développé de méthode de flatterie appropriée. Plusieurs équipes de scientifiques planchent actuellement sur la question et espèrent parvenir à un résultat dans les prochaines années. En effet, les techniques de flagornerie les plus élaborées sont connues du chef zéro défaut. Il les a étudiées, décortiquées lors de son post-doctorat au MIT de Boston. Il connaît toutes les parades, les moyens de contournement. Cet homme est une machine de guerre contre laquelle vous ne pouvez rien.

Face à ce type d'individu, pas d'échappatoire possible. Le risque est grand que vous vous mettiez à l'admirer vraiment, et non par basse flatterie, et à vous réjouir chaque matin d'aller au travail. La seule chose en votre pouvoir en vue d'éviter une telle tragédie est de tenter de résister à son irrépressible pouvoir de séduction et d'essayer de conserver une once de libre arbitre et de dignité.

Cas particulier numéro 2 :
le chef du Moyen Âge

Jeanne de Buridan est cadre dans votre société depuis dix ans. Elle est prise en tenaille entre deux aspirations antagonistes (sa psychologie, comme son nom, est à particule) : d'un côté, l'éducation catholique que lui ont inculquée sa famille et les sœurs dominicaines, et, de l'autre, la culture de la gagne apprise durant sa formation à Sciences-Po. Elle a un mal fou à prendre un parti et reste au milieu du gué. Elle est parfois dure, voire désagréable avec les personnels de rang inférieur (sauf avec le coursier et l'informaticien, allez savoir pourquoi), mais a pour eux des attentions souvent surprenantes, la pratique de la charité étant pour elle une seconde nature.

Jeanne a par ailleurs le culte de sa généalogie. Sa famille est soit issue d'une aristocratie déchue et (relativement) désargentée, soit d'une petite noblesse qui s'accroche comme la misère sur le pauvre monde aux deux arpents de terre aride (à peine plus grands donc que votre jardin dans l'Essonne) qu'elle nomme son fief et considère comme la terre de ses ancêtres.

Ces éléments caractéristiques de sa personnalité (complexe, donc, répétons-le) peuvent rendre son contact difficile et ses réactions paradoxales, mais constituent pour vous autant d'atouts, des faiblesses susceptibles d'être exploitées. Face à un tel personnage, encore relativement fréquent dans les entreprises bien que le XXIe siècle soit entamé depuis une paye, la meilleure stratégie est l'approche par la proximité culturelle et philosophique. Vous l'avez compris, c'est sur les thèmes de la famille et des valeurs morales que vous flagornerez avec le plus d'efficacité :

– parlez-lui de ses enfants, avec la déférence que l'on doit aux héritiers d'une lignée aussi illustre que la sienne (le corps de cette créature a pour fonction première la perpétuation d'un nom) ;

– n'hésitez pas à fustiger tel ou tel collègue réputé pour mener une mauvaise vie, ou, pire, qui aurait fait le choix du divorce (la rupture du lien sacré du mariage choque profondément l'âme de Buridan) ;

– tapez son nom sur Google : vous dégoterez probablement le titre d'un opuscule oublié, commis par l'un de ses ancêtres, fierté de la famille. Voilà un sujet tout trouvé pour discuter autour d'une camomille.

Cas particulier numéro 3 : le traître qui vous coiffe au poteau

Il peut arriver même aux meilleurs de se faire doubler par un collègue, ni plus âgé ni plus expérimenté, et sans doute pas moins incompétent. Un léchage qui aura porté plus vite que les vôtres. Le promu aura su donner le bon coup de langue, sur la bonne botte et au bon moment. Vous aurez fait de votre mieux, c'est l'essentiel.

Si un tel cas se présentait, nul besoin de « profaïler » le coupable : vous le connaissez déjà par cœur. Nul besoin non plus de retenir vos larmes de rage : ça fait du bien, ça soulage de pleurer. Toutefois, ne faites pas cela au bureau. Car vous n'aurez pas d'autre solution que de ravaler votre orgueil et d'entamer au plus vite une démarche de flagornerie appropriée et pas trop voyante.

À ce titre, la stratégie qui nous paraît la plus efficace consistera à jouer sur le complexe de l'usurpateur qu'il développera probablement, notamment grâce à la direction qui en fait usage pour justifier l'absence d'augmentation de son salaire malgré ses nouvelles attributions.

Ainsi, faites semblant de la jouer fair-play et entrez aussitôt en flagornerie sans y aller par quatre chemins. Dès que la promotion est annoncée, rendez-vous auprès de l'heureux promu et félicitez-le chaleureusement (prenez exemple sur les hommes politiques qui sont des as de la flagornerie postélectorale et de l'amnésie des querelles préélectorales). N'hésitez pas à lui faire des propositions avilissantes pour vous mais flatteuses pour lui. S'il le désirait :

– vous cesseriez de lui taper sur l'épaule et de l'appeler « vieille branche » ;
– vous lui diriez « vous » ;
– vous iriez jusqu'à l'appeler « Monsieur le directeur ».

Cela afin de concourir, expliquez-vous, à ce qu'il soit rapidement conforté dans cette nouvelle position fort méritée. Votre attitude plongera l'heureux promu à la fois dans la gêne et dans la jubilation, voire dans l'orgasme. Il déclinera peut-être votre offre (mais probablement pas). Dans tous les cas, il sera pris dans vos filets et n'y verra que du feu.

Car la flagornerie est un miroir sans tain : lorsqu'on passe d'un certain côté, on ne voit plus que soi-même.

CHAPITRE 3

TECHNIQUES DE BASE
D'ENCADREMENT
ou comment faire passer vos
subalternes pour des incompétents

Si vous dirigez une équipe ou êtes en charge d'une unité opérationnelle de votre entreprise, ce chapitre est pour vous. Vous y trouverez de nombreuses **ressources** qui vous permettront d'élaborer votre propre politique en matière humaine, une politique qui vous ressemble, une politique *impactante, pêchue, sexy* qui pourra vous suivre tout au long de votre carrière. Et surtout une politique qui porte ses fruits, en d'autres termes qui vous permettra d'**obtenir de l'avancement**, afin de devenir, un jour peut-être, le numéro 2 de la boîte (rappelons que la place de numéro 1 est toujours occupée par un énarque ou un ancien consultant).

Si vous n'êtes qu'un modeste employé de bureau, un subalterne, un sous-fifre, si vous ne dirigez aucune équipe et que personne ne répond à vos ordres, vous pouvez passer dès à présent au chapitre suivant (veuillez noter que nous n'accéderons à aucune demande de remboursement, on ne va pas se mettre en quatre pour de vulgaires surnuméraires). Vous pouvez néanmoins lire ce qui suit en vous faisant des films à propos de votre brillant avenir, et en vous délectant à l'avance de ce que vous ferez subir à vos futurs lampistes, s'il y en a un jour.

Définition du problème

« Diriger une équipe, c'est avant tout savoir gérer une succession de problèmes. » Mehdi Okreu-Mavi, chef du service dépression et suicide dans une clinique psychiatrique.

« Quand on est à la tête d'un groupe de personnes, l'important est d'être capable de se mettre à la place de chacun afin de l'aider à réaliser les meilleures performances compte tenu de ses capacités et de son environnement. » Gérard Acheur de Dans, chef du rayon diététique charcutière au supermarché de Montcuq (Lot).

« Diriger une team, *c'est savoir choisir le meilleur moment pour déclencher une bonne guerre des gangs. »* T. Stosterone, rappeur et animateur associatif.

N'écoutez pas ces soi-disant professionnels qui prêchent la bonne parole et prétendent vous montrer le chemin d'une façon humaniste, sociale, bienveillante ou récréative de **diriger une équipe**. Si vous êtes parvenu à vous hisser à une place où l'on vous a confié la direction d'un groupe de personnes, vous devez mettre en pratique le principe ultime de la direction d'équipe, qui peut se formuler comme suit :

« Tout pour moi, rien pour les autres. »

Cette maxime n'est pas de nous. Elle a été émise à l'occasion d'une réunion informelle du comité professionnel des évadés fiscaux chantant le 14 Juillet. Elle n'en est que plus juste et plus intéressante. En effet, son énonciation procède d'une longue expérience et d'une approche rationnelle dont l'efficacité ne s'est à ce jour jamais démentie.

Un bon chef ne compte que sur les autres. Il ne compte que ses sous. Il ne s'en laisse pas compter. Les événements qui

rythment ses quinze heures hebdomadaires de travail effectif et ses soixante-dix heures de présence au bureau relèvent de deux ordres distincts, qui conditionnent sa ligne de conduite :
– ses succès ;
– les échecs des autres.

La ligne de conduite du chef : principes de base

Succès :
- se les attribuer ;
- en tirer les bénéfices ;
- les utiliser pour semer la zizanie.

Échecs :
- les mutualiser ;
- les mettre à profit pour évincer les gêneurs ;
- les utiliser pour semer la zizanie.

Comme l'énonçait dans l'après-guerre un philosophe quotidiennement pris dans les embouteillages de l'A 86 : « *L'enfer, c'est les autres.* »

En effet, un chef ne peut pas se passer d'*autrui*. C'est *autrui* qui apporte les idées, *autrui* qui les réalise, autrui qui sauve *in extremis* les projets en train de plonger, *autrui* qui règle les problèmes, *autrui* qui obtient les résultats. Bref, c'est *autrui* qui fait le boulot. Or, *autrui* :
- possède un libre arbitre ;
- pense, voire critique ;
- fait tout pour ne pas travailler entre 22 heures et 7 heures du matin, soit plus du tiers de son temps ;
- est susceptible d'être mis en arrêt maladie pour cause d'épuisement ;
- serait foutu de vous attaquer aux prud'hommes si vous abusez de vos abus.

Bref, *autrui* est un gêneur, un facteur de faiblesse dont il faut se méfier, et dont on se débarrasserait volontiers si l'on n'était pas sûr que, dès le départ d'*autrui, autrui* serait aussitôt remplacé par *autrui*. Une solution consiste à réduire les effectifs au moyen d'un plan social avec suppressions de postes, retraites anticipées et guichet des départs volontaires. En d'autres termes, une charrette. Problème : *autrui* pourrait ne pas être le seul à se faire virer.

Dès lors, on mesure la complexité de la problématique à laquelle est confronté le chef : il a besoin d'*autrui* s'il veut se faire mousser un max et se remplir les fouilles de belles liasses de biftons.

Dans un environnement en perpétuelle mutation, dans un contexte de crise aggravé par la surréactivité des marchés et les effets démultiplicateurs des instruments technologiques, on ne pourra espérer gérer cette problématique avec succès qu'en ayant recours aux méthodes les plus récentes et les plus avant-gardistes. C'est pourquoi nous nous proposons de vous initier à la toute récente méthode *Co-création et sourcing optimisé*® mise au point par ZephAlley&Meegrain, un cabinet de conseil spécialisé dans l'accélération des processus technologiques. Cette méthode révolutionnaire a été surnommée *méthode de la trayeuse* par les spécialistes.

Méthode de la trayeuse ou comment organiser la traite des bleus

Comme énoncé plus haut, ce sont vos équipes qui font le boulot. Si vous ambitionnez d'être à la pointe de votre marché, vous ne pouvez que compter sur leur talent collectif. Comment prendre les meilleures décisions afin d'améliorer significativement leurs performances et d'empocher un max de biftons? La méthode de la trayeuse propose une approche révolutionnaire vous permettant de tirer tous les bénéfices des compétences de chacun. Sa logique est simple : au lieu que les talents s'additionnent, ils se multiplient. Ainsi, même avec une équipe de bleus, vous parviendrez à des résultats ébouriffants qui vous vaudront des félicitations et des primes en pagaille.

Toute la méthode repose sur un carré magique que vous devez avoir parfaitement en tête :

Le carré magique de la traite des bleus

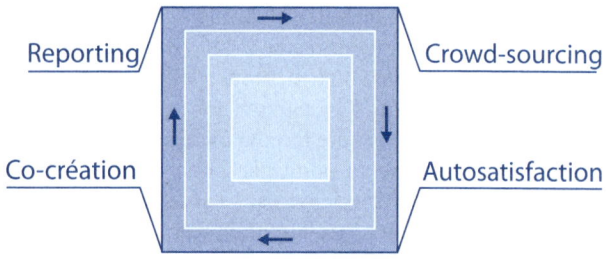

----> *Reporting* :

Mettez en place un système efficace de remontée de l'information. Rien ne doit vous échapper. Vous devez être à tout moment en possession des informations les plus récentes, actualisées en temps réel. Pour obtenir un *reporting* efficace et utile, vous devrez probablement faire mettre au point des systèmes d'information *ad hoc*. Évitez cependant, dans la mesure du possible, d'avoir recours aux sévices de l'équipe informatique. Ce serait l'assurance de beaucoup d'énervement et de temps perdu pour pas grand-chose, d'autant que vous ne parviendrez jamais à faire licencier un informaticien, tandis que lui sera en mesure de balancer à votre n+1 la liste des sites Web que vous n'auriez pas dû consulter au bureau, mais c'était plus fort que vous…

Quoi qu'il en soit, vous devez exploiter à fond l'esprit de synthèse de vos collaborateurs et leur faire collecter un maximum de données, lesquelles contribueront à l'efficacité de votre prise de décision : qui drague qui, qui couche avec qui, qui complote en secret contre vous, qui ne tire jamais la chasse d'eau et qui sent la transpiration macérée dès 11 heures du matin.

----> *Crowd-sourcing* :

Le *crowd-sourcing* consiste à recourir à l'intelligence, à la créativité et au savoir-faire d'un grand nombre d'agents (*crowd* signifie « foule ») afin de vous les attribuer. Beaucoup plus facile à mettre en œuvre avec des bleus, mais peut également s'employer, moyennant un rien d'astuce, avec des collaborateurs chevronnés.

----> **Co-création** :

La boîte à idées près de la machine à café, c'est démodé ! Place à la *co-création* ! Considérée par l'école de la régulation comme un des futurs piliers de nos économies d'innovation et de consommation, la *co-création* place les acteurs d'une organisation (par exemple les salariés d'une entreprise) au cœur du processus de création et de communication.

En effet, les études récentes ont montré que, au sein des processus organisationnels traditionnels, une quantité considérable de travail était perdue du fait de la duplication des efforts. Plusieurs cerveaux butent sur des problèmes similaires et gardent pour eux leurs solutions et leurs intuitions du fait de la concurrence.

La solution : la *co-création*. Tous les processus reposent sur des concours, lesquels sont fractionnés en plusieurs phases à la suite desquelles les résultats sont systématiquement mis en commun. Ainsi, on passe d'un mode de création horizontal, où chacun apporte sa propre idée, à un mode de création vertical, où tous construisent leurs *process* à partir des idées des autres.

Grâce à cette méthode, la créativité du groupe dépasse la somme de celles des individus. Et tous les bénéfices sont pour vous.

----> Autosatisfaction :

L'idée est simple : autant votre société dépense des millions d'euros en promotion et opérations marketing diverses, autant aucun budget ne vous est alloué pour effectuer votre propre pub. Il faut donc vous en charger vous-même. Toute occasion est bonne pour vous autocongratuler, dire tout le bien que vous pensez de vous, l'admiration que vous avez pour vous, ainsi que détailler la somme de vos grandes réalisations et insister sur vos intuitions qui étaient les bonnes et vos recommandations qui ont été couronnées de succès.

Par le passé, la pratique de l'autosatisfaction était sévèrement critiquée par les tenants d'une bienséance et d'une modestie d'arrière-garde. Mais fort heureusement, le changement politique intervenu ces dernières années a placé l'autocongratulation, la fatuité, la vanité et la prétention sur le devant de la scène. Désormais, il n'est que de suivre le brillant chemin tracé jour après jour par nos dirigeants si contents d'eux-mêmes.

Le management relationnel

Il est très important que vous preniez le contrôle des relations qui se mettent en place au sein de votre équipe. Ces relations sont de deux types : verticales et horizontales.

Structure relationnelle de votre équipe :

Figure 1 : Relation verticale

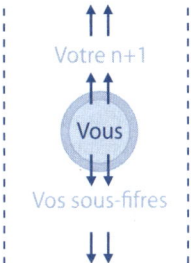

Figure 2 : Relation horizontale

← Vos sous-fifres ⇄ Sous-fifre n1 ⇄ Sous-fifre n2 ⇄ Sous-fifre nx ⇄

----> **Relation verticale** *(fig. 1)*

Vous devez tout aux membres de votre équipe. Ils travaillent pour vous, produisent pour vous, améliorent constamment les *process* de votre unité, et, au besoin, ils vous soutiennent et prennent la défense de votre politique auprès des dirigeants de l'entreprise.

En contrepartie, vous leur filez des ordres et vous les engueulez.

C'est pourquoi vous devez mettre un soin tout particulier à ménager les susceptibilités au sein de votre équipe. Ceux qui dépendent de vous doivent avoir l'impression que c'est vous qui dépendez d'eux (ce qui est vrai, mais il ne faut pas le dire comme ça, juste laisser croire qu'on laisse croire). Vos collaborateurs doivent avoir l'impression qu'ils sont indispensables. Sachez leur montrer que vous avez besoin d'eux.

Astuce

Lorsque vos collaborateurs viennent vous trouver pour poser leurs congés, opposez-leur une résistance ferme. De cette façon, ils comprendront à quel point vous ne pouvez pas vous passer d'eux et en seront plus que flattés.

Par ailleurs, ayez à l'esprit qu'un remerciement ne coûte rien. Vous en mettrez avec profit une bonne couche à l'occasion du pot de fin d'année. Entre deux petits-fours et une gorgée de mousseux, votre sollicitude à leur égard fera chaud au cœur à vos collaborateurs. N'hésitez pas à envoyer le bois. Dites-leur combien vous les aimez et combien ils sont exceptionnels. Même si vous expliquiez l'instant d'avant à votre n+1 que vous étiez entouré d'incompétents. Après votre discours et les applaudissements, vous expliquerez simplement audit n+1 que votre discours était une tentative de plus de motiver cette bande de feignasses. Naturellement, il vous prendra pour un faux cul. Mais de toute façon, il fera la même chose que vous quand viendra son tour de parler.

Exemple de discours de pot de fin d'année

(trame généraliste à agrémenter selon votre imagination)

« C'est grâce à l'investissement de nos équipes que nous sommes parvenus aux réalisations spectaculaires de cet exercice annuel. Sans l'engagement personnel de chacun, nous n'aurions jamais obtenu de tels résultats. Ce succès, c'est d'abord le vôtre, à vous qui n'avez pas été avares d'heures supplémentaires, vous qui avez consacré tout votre talent à mener l'entreprise sur les rails du succès. Vos efforts n'auront pas été vains. Ils permettront peut-être à l'entreprise de survivre à la tourmente qui se profile à l'horizon : en effet, l'année qui vient sera une année difficile pour Dequys&Smocton. »

Dans la foulée, vous annoncez le gel des salaires.

----> **Emplacements où mener efficacement votre politique relationnelle verticale**

1) La cantine. On ne déjeune pas avec ses collaborateurs à la cantine. Ce sont eux qui déjeunent avec vous. Parce que vous les y avez invités. Ce que, en chef débonnaire, vous faites une fois par an, si possible à une heure où la cantine est pleine, afin que chacun puisse voir combien vous êtes proche de vos équipes.

2) La machine à café. Voilà un lieu où vous pouvez jouer les démocrates. Abaissez-vous même à discuter avec les stagiaires, cela ne pourra qu'être porté à votre crédit. C'est aussi un lieu où vous pourrez tranquillement fusiller du regard ceux que vous avez dans le collimateur, avec l'air de leur reprocher de passer leur temps à boire des cafés plutôt que de travailler. Après une demi-heure de papotage tranquille, partez en hâte, la mine déterminée, l'air d'être prêt à soulever des montagnes, afin d'inciter toute votre équipe à vous imiter.

Nota :
Évitez la machine à café si vous venez de faire votre déjeuner annuel avec vos collaborateurs. Il ne faudrait tout de même pas qu'ils vous prennent pour leur pote. À la fin du déjeuner, vous avez perdu assez de temps : vous filez dans votre bureau, plantant là les sous-fifres qui ont besoin d'un bon café pour contrecarrer la torpeur de la digestion. Quant à vous, après avoir fait appel à votre assistante, vous boirez tranquillement votre café dans votre bureau, en complétant votre profil Facebook, après votre sieste.

3) La photocopieuse. Vous ne devez jamais être aperçu à moins de trois mètres de la photocopieuse de votre service. Si, contrairement au personnel, qui s'entasse dans un *open space*, la très utile machine dispose d'un local pour elle toute seule, l'entrée dans ce local vous est totalement proscrite. Néanmoins, cela n'est vrai que si vous n'êtes qu'un jeune cadre aux attributions encore maigres. Lorsque vous êtes au top (c'est-à-dire lorsque l'intitulé de votre fonction contient le mot « directeur »), vous devez au contraire être vu fréquemment en train de faire vous-même vos photocopies : ça fait peuple et c'est bon pour votre image.

----> **Relation horizontale** *(fig. 2)*

Le management des relations horizontales entre vos subalternes est une question délicate. En effet, si ces relations sont trop mauvaises, votre équipe se disloque et vos résultats sont voués à se dégrader. Mais si vos sous-fifres s'entendent trop bien, ils constituent une menace pour vous : la fièvre révolutionnaire n'est jamais loin, et vous risquez d'avoir à déjouer d'ingénieux complots visant à vous destituer pour instaurer la démocratie dans le service. Cela ne peut, ne doit jamais arriver.

C'est pourquoi tous les spécialistes (parmi lesquels Nicolas Machiavel, Joseph Staline, Mao Tsé-toung, et plus récemment les analystes de la Guilde des chefs d'États de l'Afrique démocratique) insistent sur le fait qu'il est indispensable de s'impliquer personnellement dans les relations horizontales existant entre vos collaborateurs, selon les deux principes suivants :

Diviser pour mieux régner. Sachez donner les bonnes tapes sur les bonnes épaules, faire les bons clins d'œil aux bonnes personnes. Convoquez les uns dans votre bureau et invitez-les à casser du sucre sur les autres, en leur garantissant une confidentialité totale. Après quoi, vous organisez vous-même les fuites. Choisissez votre dauphin au sein de l'équipe. Vous en changerez tous les trimestres, afin de brouiller les pistes et d'exalter les rivalités. En revanche, lorsque vous rencontrez l'équipe complète, insistez lourdement sur l'importance du travail d'équipe et la nécessité de dépasser les querelles de personnes. Ajoutez-y de lourds sous-entendus. Personne ne se sentira visé, mais chacun soupçonnera son voisin.

Dessouder les équipes. Lorsqu'un membre de votre équipe vient solliciter une augmentation, expliquez-lui que vous n'y verriez pas d'inconvénient si ses propres collègues n'avaient pas exprimé des réserves quant à ses compétences. Vous n'aurez pas besoin d'en dire plus : l'intéressé trouvera de lui-même d'où sont venues les critiques. Quittez-le en lui assurant que vous le soutenez à fond, mais que ses détracteurs sont protégés par les bonnes relations qu'ils entretiennent avec vos supérieurs. Dès qu'il est question d'une femme, n'hésitez pas à la soupçonner de faire partie de la promotion canapé : ça marche à tous les coups.

Annexe : éléments de langage indispensables dans la gestion d'une équipe

Les ressources humaines, c'est avant tout une question de vocabulaire. Aucune décision ne vous est interdite, du moment que vous trouvez les bons mots pour la justifier. Vous devez vous imprégner du vocabulaire des chefs, qui vous permettra de faire passer n'importe quelle vessie pour un lustre versaillais (à ce sujet, veuillez vous référer à notre chapitre qui traite de la question du langage). N'hésitez pas à vous répéter : d'après Victor-Alain Posteur, un spécialiste de la pédagogie qui a publié neuf ouvrages sur le sujet, un apprentissage n'est consolidé que s'il a été enseigné neuf fois. Aussi, c'est à force de répétitions que vos équipes intégreront puis emploieront votre langage.

Exemples :

- un chef ne vous refuse pas une augmentation => **il s'est battu pour vous obtenir une augmentation de 0,5 %** ;
- un chef ne vous ordonne pas de reprendre votre dossier à zéro => **il vous propose d'en finaliser les aspects obscurs** ;
- un chef ne pressurise pas ses sous-fifres => **il en demande beaucoup à ses collaborateurs** ;
- un chef n'est pas maniaque => **il est perfectionniste** ;
- un chef n'engueule pas ses subalternes => **il les stimule et les pousse à se dépasser** ;
- un chef ne harcèle pas ses équipes => **il voit les choses en grand** ;
- un chef n'est pas hautain et indifférent => **il cultive son originalité** ;
- un chef ne réduit pas les effectifs => **il optimise les performances de ses équipes**.

CHAPITRE 4

TECHNIQUE DE GESTION DES RAPPORTS AVEC LA HIÉRARCHIE : le cas particulier du syndicat

Le **syndicat**, si tant est qu'une chose aussi archaïque subsiste au sein de votre entreprise, peut s'avérer un élément tout à fait intéressant dans votre lutte pour la survie professionnelle, en matière de gestion de vos rapports avec votre hiérarchie.

Deux attitudes, d'égale efficacité, comportant chacune ses avantages et ses inconvénients, peuvent être adoptées face à ce reliquat de **droit du travail** qui pourrit l'ambiance riante des bureaux depuis 1884, l'année funeste où un chapelet de politiciens ivres a décidé d'accorder le droit syndical aux travailleurs, pour faire une bonne blague aux patrons.

• Première attitude, la plus commune et la plus logique pour vous qui êtes un salarié moderne, tourné vers le bonheur individuel et la réussite solitaire : le dénigrement, voire la franche hostilité.

• Deuxième attitude, plus originale (pour ne pas dire parfaitement farfelue) : l'adhésion. Si cela vous semble parfaitement inconcevable de prime abord (se mêler à ces gens qui n'ont de cesse de perturber la bonne exploitation des salariés), vous verrez dans l'exposé qui suit que l'idée n'est pas si absurde qu'il y paraît.

TEST PRÉLIMINAIRE : ÊTES-VOUS UN SYNDICALISTE QUI S'IGNORE ?

Tout d'abord, afin de déterminer l'attitude qui vous convient le mieux, vous trouverez ci-dessous une batterie de questions auxquelles vous vous efforcerez de répondre honnêtement, et sans vous inquiéter : vos résultats ne seront pas rendus publics.

Pour vous, les 35 heures, c'est :
a) Une entrave à la productivité.
b) La possibilité de glander chez vous un jour de plus par mois.
c) Un droit inaliénable gagné de haute lutte.

Le patron est-il à vos yeux :
a) Un homme qui prend des risques et qui fait fonctionner l'économie.
b) Le type qui vous donne un chèque en fin de mois.
c) Un individu qui s'approprie votre force de travail pour son propre profit.

L'entreprise est pour vous :
a) Le lieu de l'épanouissement individuel et des opportunités.
b) Un endroit où il vous faut passer 70 % de votre temps éveillé en attendant de partir en vacances.
c) Un lieu de coercition où s'exerce un nouveau type de pouvoir qui substitue au privilège de la loi le point de vue de l'objectif.

L'économie de marché, d'après vous :
a) Passe par un moment difficile mais se remettra sur les rails d'elle-même.
b) Vous permet de choisir entre plusieurs offres de bouquets satellites.
c) A montré ses limites et finira par s'effondrer sous la pression des tenants de la force de travail.

La grève est selon vous :
a) Un instrument archaïque agité par quelques excités d'un autre âge.
b) Une bonne chose quand elle vous empêche d'aller travailler, une mauvaise quand elle vous empêche de rentrer chez vous ou de partir en vacances.
c) La seule façon d'établir un vrai rapport de force avec le patronat.

RÉSULTATS :

Un maximum de a :

Vous avez résolument choisi le camp de la modernité et de l'abolition pure et simple de ces règles iniques qui entravent la liberté d'entreprendre et que l'on nomme « droit du travail ». Vos modèles : Milton Friedman, le fondateur de l'école monétariste de Chicago, et Ernest-Antoine Seillière, fondateur de rien mais monétariste quand même. Pour vous, aucune alternative : vous êtes pour la confrontation avec tous les syndicats, sauf celui des patrons.

Un maximum de b :

Votre indécision crasse vous classe dans le ventre mou de l'entreprise. Vos modèles : Gérard Blitz, fondateur du Club Med, et Martine Aubry, fondatrice des 35 heures. Votre force : n'étant doté d'aucune conviction en matière de syndicalisme, vous pourrez choisir indifféremment l'une ou l'autre des deux méthodes que nous proposons.

Un maximum de c :

Vous rêvez ou quoi ? Et pourquoi pas l'autogestion et la mise en commun des moyens de production, tant que vous y êtes ? Si on vous écoutait, il faudrait cesser de rémunérer les actionnaires (qui font pourtant un travail formidable, car ce sont eux qui financent les plans sociaux) et distribuer les bénéfices aux salariés, même les plus tire-au-flanc. Vos modèles : Karl Marx, les Marx Brothers, et Michael Marks et Thomas Spencer, les fondateurs de la chaîne Marks & Spencer. Bon, quoi qu'il en soit, pour vous, une seule solution : l'adhésion.

À présent que vous savez où vous situer, voici les stratégies que vous pouvez adopter vis-à-vis des syndicats.

La confrontation
ou comment vous faire bien voir
aux dépens du Code du travail

Pour nombre de salariés, l'attitude la plus évidente à l'heure actuelle consiste à dénigrer purement et simplement toute forme de revendication au sein de l'entreprise. Le choix de cette stratégie est quasiment sans risque, mais il nécessite une bonne dose d'hypocrisie, qualité dont vous êtes peut-être, voire probablement, et même certainement pourvu.

Si vous décidez d'adopter cette stratégie, vous devrez prendre de la hauteur et vous habituer à considérer toute revendication dans une perspective globale.

Aussi, lorsque le conseil syndical de la société qui vous emploie réclame, pour vous et vos semblables, une hausse de la valeur des Ticket Restaurant – ce qui vous arrangerait bien, car cela vous permettrait d'opter pour un menu maxi au déjeuner et vous éviterait ces pénibles gargouillis de ventre dès 15 heures –, vous devez d'abord penser à montrer à votre hiérarchie que vous êtes avant tout préoccupé par la bonne marche de l'entreprise. Sous les yeux de votre n+1, haussez les épaules et dites : « *Comme si l'état actuel de l'économie mondiale nous permettait de telles folies ! Nous pouvons déjà nous estimer heureux de bénéficier de Ticket Restaurant, toutes les entreprises ne se montrent pas aussi sociales que la nôtre.* »

En ce qui concerne les augmentations de salaires, vous devrez carrément avoir le sens du sacrifice. « *Au niveau où est le chômage aujourd'hui, certains devraient être heureux d'avoir du travail* », déclarerez-vous devant tous vos n+x à la machine à café. « *Par les temps qui courent, c'est déjà bien assez. Ça n'est vraiment pas la peine de mettre l'entreprise en péril en la pressant comme un citron.* » Vous pouvez ajouter l'estocade suivante, qui est toujours du meilleur effet : « *D'ailleurs, si les entreprises avaient moins de charges à payer à l'État qui s'en met plein les poches, elles auraient peut-être plus de bénéfices à redistribuer à leurs salariés.* »

Ensuite, vous vous consolerez (dans l'intimité des toilettes) en vous disant ceci : quoi que vous ayez dit, si le syndicat a le dernier mot, vous serez de toute façon gagnant avec les autres. Et de toute façon, une bonne promotion fait bien plus pour votre salaire qu'une misérable augmentation.

Certains matins, il arrive que des syndicalistes facétieux vous accueillent pour vous refiler des tracts. Ces circulaires totalement mensongères et diffamatoires révèlent par exemple le montant colossal des bénéfices que dégage votre entreprise ou le salaire des cadres dirigeants. Là encore, faites-vous violence et lâchez une phrase du type : « *Comme si c'était aussi simple ! Nos bénéfices sont là pour être réinvestis, c'est le seul moyen pour nous de rester compétitifs. Quant à nos dirigeants, la compétence et la responsabilité, ça se rémunère.* » Autre banderille que vous ne devez pas vous priver de planter, car elle fonctionne toujours très bien : « *Aux États-Unis* (citez toujours les États-Unis lorsque vous avez besoin d'un exemple concret), *les patrons sont bien mieux rémunérés qu'en France, et comme par hasard ce sont eux qui obtiennent les meilleurs résultats dans la compétition pour le leadership de l'économie mondiale.* » Surtout ne prenez jamais, au grand jamais, l'exemple de la Chine, qui sous-paie tout le monde et qui, de ce fait, est en passe de subtiliser ce fameux *leadership*.

Ne commettez pas l'erreur grossière qui consiste à refuser de lire les tracts du syndicat. Vous pourriez penser que le simple fait de les froisser et de les jeter ostensiblement dans la corbeille à papier pourrait vous attirer les bonnes grâces de vos supérieurs. Mais il n'en est rien. Un chef ne remarque même pas un sous-fifre qui jette un papier à la corbeille. Et s'il le remarquait, il pourrait penser que vous êtes un mollasson sans opinion. Au contraire, la lecture du tract vous donne l'occasion de pousser de longs soupirs contrariés, d'exprimer votre profond désaccord, et d'abonder ainsi dans le sens de la direction.

L'adhésion au syndicat ou comment devenir un intouchable

Adhérer au syndicat. L'idée ne vous serait jamais venue à l'esprit. Et pourtant, cette tactique, en plus d'être efficace, ne manque pas de sel. Elle pourrait même vous procurer une vive jouissance, si vous vous débrouillez bien. Cependant, la simple adhésion ne suffit pas. Si vous êtes bêtement syndiqué, vous devenez un traître à l'entreprise, mal vu par votre hiérarchie, qui ne manquera pas de trouver un prétexte pour vous mettre à la porte à la première occasion. On ne joue pas impunément les trouble-fête. Seule solution réellement efficace : l'élection. Il vous faut, d'une façon ou d'une autre, vous faire élire représentant du personnel, quitte à évincer en la calomniant la personne qui occupe cette fonction au sein de l'entreprise ou à faire des promesses que vous ne comptez pas tenir (on en a vu d'autres se faire élire de la sorte).

Une fois dans la place, les avantages sont multiples : vous devenez extrêmement difficile à virer. En effet, vous pouvez toujours menacer vos patrons de les envoyer aux prud'hommes ou d'un appel à l'Inspection du travail susceptible de déclencher un contrôle inopiné. Aucune entreprise n'étant aux normes, il n'y a aucune chance que vos chefs prennent le risque.

Par ailleurs, vous ne mesurez sans doute pas le degré de jouissance que votre nouveau statut pourra vous procurer.
Songez notamment à cet avantage que tous vous jalouseront et qu'on nomme pudiquement les « heures de décharge ». Certains syndicalistes profitent de ce temps qui leur est dégagé pendant leurs heures de travail pour assurer la bonne marche de la cellule syndicale de l'entreprise ou s'occuper de la coordination avec la maison mère de l'organisation. Certains consacrent ces heures à se former, organisent des réunions d'information, s'occupent des adhésions. C'est du travail. Mais, une fois investi de la fonction de délégué syndical, rien ne vous oblige à être aussi consciencieux. Vous pourrez, sans problème, utiliser vos heures de décharge le lundi matin ou le vendredi après-midi, voire carrément le mercredi si votre petit dernier a une compétition de judo.

Au-delà de ce simple avantage, il existe une multitude de petits bonheurs que vous pourrez expérimenter.
Exemple : vous arrivez au bureau avec une heure de retard, des sacs de voyage sous les yeux et qui plus est sentant l'alcool à plusieurs mètres. Vous avez visiblement fait la fête toute la nuit, n'avez pas pris la peine de rentrer chez vous pour vous changer et n'avez donc même pas eu cette décence minimale à l'égard de vos collègues qui consiste à ne pas empester toute la journée.
Tandis que vous êtes à la machine à café, à déguster votre deuxième double serré sans sucre, votre chef de service survient. Il ne manque pas de vous adresser un regard réprobateur, voire franchement furibard. Vous le regardez à votre tour, l'air narquois. Vous savez qu'il sait que vous avez passé

la nuit à biberonner dans les bars. Pourtant, pour être officiellement blanchi, il vous suffit de déclarer, non sans délectation : « *Excusez mon retard, chef, mais j'ai dû passer au syndicat ce matin afin de remettre les derniers bulletins d'adhésion.* »

À compter du jour de votre élection, vous n'aurez plus à accepter aucune forme de remontrance, ni à subir les sautes d'humeur de vos supérieurs. La simple phrase : « *Si vous continuez, j'en parle au syndicat et on vous colle une grève pour harcèlement moral sur la personne du délégué* », suffira à rendre son calme au chefaillon le plus impétueux. Jouissance ultime.

De la même façon, lorsque vos supérieurs se risqueront à faire des réflexions sur la qualité de votre travail, il vous suffira de prendre (sans rire) l'air indigné et de clamer avec force que l'on s'attaque à l'homme pour atteindre la fonction (de leader syndical), que c'est parfaitement honteux et que ça ne se passera pas comme ça. La tête de votre patron à ce moment-là vaudra tous les plaisirs, y compris les plus exotiques.

Nota :
Une dernière approche a été répertoriée sur laquelle, dans notre souci d'exhaustivité, nous ne voulons pas faire l'impasse. Cependant, nous ne la développerons pas dans le présent ouvrage. Pour une raison très simple : elle semble à la fois saugrenue et parfaitement utopique. Cette attitude consisterait à se faire élire délégué syndical dans le seul but de tenir tête à la direction et de lutter pour préserver, voire améliorer, les acquis sociaux des salariés. À s'acquitter honnêtement et avec zèle de cette tâche, en défendant les intérêts des travailleurs.
Une approche aussi nocive qu'absurde, qui ne saurait convenir qu'à des maniaques et des forcenés en plein effritement psychologique.

Ayez cependant toujours présents à l'esprit les principes capitaux de l'ordre des délégués syndicaux, le premier d'entre eux étant : se faire réélire. Vous êtes condamné à conserver ce rôle à vie, puisque, vous n'êtes protégé que lorsque vous occupez la fonction. Pour ce faire, nous vous conseillons de vous reporter à notre première partie traitant des diverses techniques d'autopromotion.

QUATRIÈME PARTIE

L'ART DE LA GUERRE EN OPEN SPACE

TECHNIQUE DU TRAIN D'EN FACE

MARCHE AU PAS

FORCES EN PRÉSENCE

GUERRE DE POSITION

APPROVISIONNEMENT DU FRONT

Inventé dans les années 1950 par les frères Schnelle, deux consultants allemands, le *plateau ouvert*, ou *open space*, a fait son come-back en Europe dans les années 1980, après une tournée spectaculaire en Amérique.

L'objectif : mettre en place une coopération fructueuse, créatrice et harmonieuse entre les salariés en facilitant leur communication et la conduite de leurs projets.

Le résultat : le bruit, la promiscuité, l'entassement, l'absence d'intimité, une perte de productivité et, cerise sur le biscuit militaire, un flicage de tous les instants.

Si la vie d'un professionnel est une guerre, l'*open space* en est le champ de bataille. Même en l'absence de plantes en plastique, le plateau ouvert est une jungle, où le danger est partout. Seuls les guerriers, les vrais, peuvent prétendre y survivre.

Mais grâce aux techniques qui suivent, vous ne serez plus jamais démuni ni menacé : à vous le bureau fermé avec fauteuil en Skaï et table de réunion en faux bois exotique.

CHAPITRE UN

LES FORCES EN PRÉSENCE
ou apprendre à penser
comme l'ennemi

Ne vous jetez pas tête baissée dans la bataille, sans quoi vous tomberez au premier coup de massue, ou vous vous retrouverez criblé par une rafale perdue. Prenez exemple sur le célèbre Hannibal Barca, qui, en plus d'avoir le prénom d'un tueur en série, s'imposa comme le pire ennemi des légions romaines. En effet, le redoutable Hannibal, tout barbare qu'il était, et bien qu'il n'ait pas fait Sciences-Po, savait se servir de ses neurones. Ses armées comptaient peut-être moins d'hommes que les légions romaines et étaient peut-être moins organisées, mais il est parvenu à porter la guerre sur le territoire italien et à y mettre une sacrée pagaille. Ce qui constitue, bien évidemment, l'objectif que vous devez vous fixer si vous comptez un jour accéder au **pouvoir suprême**, actuellement détenu par votre n+2, qui d'ailleurs n'a rien d'un centurion romain.

Première chose à faire en vue de la **prise de contrôle de l'*open space*** : évaluer les **forces en présence**. Ces forces se déclinent de deux façons : verticale et horizontale. Pour dire les choses simplement, il y a d'un côté les fonctions (ou services) et, de l'autre, les personnes.

Typologie utilitaire verticale : services et fonctions

Les fonctions support :

Des fonctions qu'il faut supporter. Ce sont les responsables des achats, de la logistique, des ressources humaines, les juristes, les assistantes de direction générale, le contrôle de gestion, le *help desk*, le *call center*, etc. Tout ce qui passe par eux est irrémédiablement bloqué. Ils sont généralement installés sur un plateau technique afin d'optimiser leurs performances. Mais quoi qu'il arrive, obtenir d'eux une signature au bas d'une facture de 4,30 euros prend quatre à six mois. Pendant tout ce temps, votre facture est dite « dans les tuyaux ». Mais ne parlez jamais d'appeler un plombier : cela pourrait doubler votre temps d'attente.

Les instances décisionnelles :

De façon évidente, faire son possible pour trouver grâce à leurs yeux. Apprendre à jouer de la harpe ou à faire des massages thaïlandais, entreprendre un régime, ne pas redouter de faire des travaux de peinture ou de nettoyer une fosse septique le week-end, à titre gracieux bien entendu. Selon les entreprises, votre sexe et vos atouts personnels, il n'est pas exclu que vous ayez à payer de votre personne. Pensez alors à vous rappeler que l'ambition est une qualité, et que vous pourrez faire pareil lorsque vous serez parvenu(e) au sommet.

Les fonctions de bout de chaîne :

Par définition, les gens dont vous pouvez avoir besoin, mais qui n'ont jamais besoin de personne. Vous n'avez donc aucun moyen de pression sur eux. Ce sont, en général, des exécutantes acariâtres à deux coudées de la retraite, qui s'appellent Françoise. Autant vous le dire tout de suite, vous êtes condamné à subir ce genre de personne jusqu'à la fin de vos jours (on en retrouve en effet d'entières colonies dans diverses administrations). Une solution, toutefois, pour éviter que ces gens-là ne pourrissent votre quotidien professionnel : être l'un deux.

Les instances créatives :

Ce sont le marketing, les attachés de presse, les graphistes ou, dans la pub, les toxicomanes du service créa. Avoir l'air de les trouver cool et hyperinventifs, tout en sachant qu'ils vous prennent pour un nase et un ringard. Retoquer systématiquement leurs projets, qui coûtent toujours trop cher. Arguments : « C'est la crise » ou « On va droit dans le mur ». Ne pas chercher à leur parler avant 11 h 30 du matin : s'ils sont déjà arrivés au bureau, ils ne sont pas réveillés pour autant. Surtout ne pas essayer d'être aussi cool qu'eux : ça ne peut vous conduire qu'à passer pour un gros boulet. Les seuls gens cool au monde, ce sont eux. Avec ce genre d'abrutis, vous obtiendrez de bien meilleurs résultats en surjouant votre rôle de type hors du coup. Ils vous prendront peut-être en affection et ils seront un peu moins méchants lorsqu'ils se moqueront de vous.

Les informaticiens :

À caresser dans le sens des dreadlocks, car vous ne pouvez rien contre eux. Faites mine de comprendre ce qu'ils vous disent. Du moins, si vous arrivez à en trouver un.

Typologie utilitaire horizontale : les personnes

Vos concurrents :

En apparence, vos meilleurs amis. Dans la réalité, vos pires ennemis. Éviter de les croiser la nuit au 3ᵉ sous-sol du parking. Mais déjeuner avec eux le plus souvent possible, ce qui vous permet de mettre en place votre stratégie. Ne jamais perdre de vue qu'eux aussi mettent en place la leur.

Les étoiles montantes :

Les trouver géniaux et le faire savoir. Aimer travailler avec eux car, au fond, vous fonctionnez comme eux, vous êtes fait du même bois. Être leur ami et les appeler par leur prénom. Tout faire pour qu'ils soient promus et vous avec. Dès lors, tenter de les évincer, en vous appuyant notamment sur ce que vous aurez appris sur leur vie privée.

Les détenteurs d'infos :

Il y a deux types de détenteurs d'infos, parce qu'il y a deux types d'infos : les infos au-dessus et en dessous de la ceinture. Les uns et les autres n'ont pas les mêmes caractères, mais ce qu'ils savent vaut de l'or. Dans les deux cas, donc, sympathiser avec eux, ce qui ne peut se faire qu'en leur donnant des infos. Risque : trop en dire. En effet, les détenteurs d'infos sont capables de vous extraire une partie du lobe frontal lorsqu'ils vous tirent les vers du nez.

Les éléphants de guerre :

Hannibal en possédait un certain nombre, redoutables et coléreux, qui aplatissaient de nombreux fantassins romains lorsqu'ils chargeaient comme des brutasses. Toute entreprise compte dans ses rangs ce genre de pachydermes caparaçonnés. Ne pas se trouver sur leur chemin, mais plutôt dans leur sillage, pas trop près. Attention : chez les humains, un éléphant de guerre n'est pas forcément gros, ni doté d'une trompe.

Les « non » :

Ce sont ces personnes qui disent toujours non. Ne s'inquiéter que les jours où elles disent oui.

Les parias sur la sellette :

Tentent désespérément de sauver leur peau, car ils ont des crédits sur le dos et une famille à nourrir. C'est pourquoi ils ne refuseront jamais de vous débarrasser d'un dossier calamiteux. Ne pas hésiter à les charger lorsque vous commettez des bourdes. Ce sera votre parole contre la leur, et la leur ne vaut plus grand-chose.

Les stagiaires :

N'existent pas véritablement, mais peuvent se montrer rigolos à l'heure du café ou du déjeuner. Ne pas se gêner pour les ignorer, leur couper la parole ou les doubler dans la file d'attente de la cantine. Deux cas de figure, néanmoins, où sympathiser avec eux peut s'avérer utile : lorsqu'ils sont en mesure de faire votre boulot à votre place, et lorsqu'ils sont pistonnés, ce qui arrive souvent. De ce fait, toujours prendre connaissance de leur nom de famille. Cas critique : s'ils portent le même nom que l'entreprise. Se référer alors à nos recommandations concernant les instances décisionnelles.

Les chefs :

Les haïr. Mais leur lécher les bottes.

Les sous-fifres :

S'essuyer les pieds dessus. Prudence toutefois : certains sous-fifres recèlent les étoiles montantes de demain. Savoir les repérer, mais s'essuyer les pieds dessus quand même.

Les informaticiens :

Encore eux. Si vous parvenez à en trouver un et à le faire travailler, vous serez bientôt promu.

Les secrétaires acariâtres :

Se méfier d'elles comme de la peste. Soulager sa rancœur en disposant des punaises sur leur fauteuil de bureau ou une tapette à souris dans leur tiroir à agrafeuse.

Les secrétaires débonnaires :

Abuser sans vergogne de leur gentillesse.

CHAPITRE 2

LA GUERRE DE POSITION
ou comment tenir
une forteresse prenable

Selon Carl von Clausewitz dans son indispensable traité de stratégie intitulé *De la guerre*, « *la défense d'un secteur dure tant que la force armée s'y maintient. Elle ne cesse que lorsque cette force quitte le secteur et l'abandonne. Ne serait-ce que momentanément* ». (Pour vous, cela correspond à vos périodes de vacances, RTT, congés de maternité, arrêts maladie ou, pire, hérésie absolue, vos congés maladie enfant.)

Le seul moyen de **tenir une position** attaquable par un adversaire supérieur est de la protéger par une position inattaquable. Votre bureau doit être renforcé par divers obstacles de terrain qui en rendent certaines parties (les plus sensibles) tout à fait inaccessibles. Il vous faut alors trouver des astuces, bien fourbes, car de simples retranchements ne suffiront pas à vous protéger de l'ignominie lorsque ce sont les autres qui la pratiquent.

Économie de guerre
et approvisionnement du front

La première condition est, naturellement, que la force en place (vous) soit assurée de ses moyens de subsistance.

Ainsi, pour tenir une position, il vous faut impérativement être parfaitement équipé. Rien ne doit vous man-
quer. Faites une **check-list** tous les matins : papillons
repositionnables, trombones, stylos (songez à vous équiper
en quatre couleurs), ciseaux, colle, etc. À aucun moment
de la journée vous ne devez vous adresser à vos collègues
en disant : *« Je te pique ton agrafeuse. La mienne doit être
quelque part dans mon bordel, je suis infoutu de mettre la
main dessus. »* Jamais une telle situation ne doit se présenter. La raison en est simple : en vous adressant à vos collègues pour leur emprunter leur matériel, vous les autorisez
implicitement à faire la même chose de leur côté. Vous les
invitez en quelque sorte à prendre leurs aises avec vous, vos
affaires, votre bureau, et, par là même, vous fragilisez inuti-
lement votre position.

Deuxièmement, il ne faut en aucun cas hésiter à coller
nombre d'obstacles rendant extrêmement compliqué l'**accès
à votre bureau** et aux informations qu'il contient. Durant
les crises (cela inclut les périodes de guerre mondiale), des
collaborateurs bien intentionnés (principalement à l'égard
du pouvoir, c'est-à-dire de la direction) ne manqueront pas
d'aller fouiller dans vos petites affaires en votre absence afin
de récolter des informations à même de vous nuire auprès de
la hiérarchie ou des autorités d'occupation.

La guerre de position nécessite donc une somme de précautions totalement indispensables. Sans aller jusqu'à truffer vos
tiroirs de tapettes à souris, voici quelques conseils simples :

Les tiroirs :

Ne fermez pas tous vos tiroirs à clé, vous passeriez pour un sus-
picieux qui se méfie de ses collègues (à raison, nous sommes
d'accord) et n'est donc pas animé par la franche camaraderie

et l'indestructible esprit d'équipe que l'entreprise ne cesse de promouvoir à l'occasion du moindre séminaire, et que le PDG rabâche dans tous ses discours de fin d'année. Donc, n'hésitez pas à laisser l'un de vos tiroirs ouvert. Mais jetez-y, en vrac, une boîte de punaises. Le collègue indélicat sera puni pour sa félonie et vous pourrez constater à votre retour au bureau ses doigts couverts de stigmates, marque de sa traîtrise et de son infamie.

Le mot de passe :

Les amateurs, ceux qui pour tout mot de passe donnant accès à leur ordinateur utilisent leur prénom, celui de leurs enfants, leur date de naissance ou encore leur pseudonyme de CBiste (pour ceux qui sont restés bloqués au milieu des années 1980), sont légion.

Ainsi, plutôt que Marcel38 ou encore Titoute (le surnom que vous donnez à votre petite dernière), préférez des mots totalement incongrus ou sans signification (par exemple, « Zorglub » fonctionne bien et est aisément mémorisable). Vous pouvez également vous servir de noms d'écrivains ou de philosophes dont vos collègues ne soupçonnent même pas l'existence.

Ainsi, si votre mot de passe est « Nietzsche » ou « Wittgenstein » vous êtes assuré que :

– vos collègues n'ont jamais entendu ces noms ;

– ceux qui pourraient éventuellement les avoir rencontrés (en regardant « Questions pour un champion », par exemple) n'ont pas la moindre idée de la façon dont on les orthographie. Veillez toutefois à savoir les orthographier vous-même, du moins toujours de la même façon.

Votre position est à présent parfaitement sûre. Votre bureau tout du moins. Reste la **position symbolique**, la mouvante, celle qui vous demande des efforts constants, des agencements perpétuels pour pouvoir la conserver. Le monde de l'entreprise repose sur un sol meuble, susceptible de se dérober sous vos pas à chaque instant. Oubliez toute notion de stabilité. Oubliez l'époque bénie où vous n'aviez pas à vous remettre chaque jour en question. L'époque où votre seule préoccupation et votre seul dilemme étaient de parvenir à faire accepter à votre conjoint le programme télé de votre choix. Aujourd'hui, vous n'avez d'autre possibilité que de vous installer à **la pointe de votre précarité**, figure de proue d'un bateau qui n'a de cesse de vouloir sombrer.

Exemples :

• le DRH vient d'embaucher un jeune diplômé. Il est moins payé que vous ET vous surpasse de très loin en termes de qualifications ;

• votre chef de service s'est fait un plaisir d'offrir un job au neveu du directeur général et l'a collé directement sous votre responsabilité, vous donnant pour mission de le former, car il est parfaitement incompétent.

Dans les deux cas, vous êtes fragilisé. Il va vous falloir entamer une véritable guerre de tranchées.

Le concept de défense est la parade. Cette parade suppose une attente. L'attente étant la caractéristique principale de la défense, en même temps que son principal avantage. Mais une guerre de défense ne peut être pure endurance passive, l'attente ne peut pas non plus être un état absolu, mais seulement un état relatif.

La défense de votre position se borne par conséquent à attendre l'attaque, mais devra, à un moment donné, se doubler d'une action positive, c'est-à-dire une action de nature plus ou moins agressive.

La défense a donc deux versants parfaitement distincts : l'attente et l'action. Cependant, un acte de défense ne sera pas formé de deux moitiés, la première qui ne serait qu'attente et la seconde qui serait pure action, mais d'une alternance de ces deux phases.

Ainsi, il vous faut rester vigilant, sur vos gardes, et ne rien laisser passer. Toute tentative de déstabilisation du morveux qui espère en secret vous piquer votre place doit être repérée, analysée et sévèrement châtiée.

Sur le champ de bataille : rudiments de stratégie

Les quelques exemples qui suivent devraient vous permettre d'acquérir les rudiments de stratégie qui ont fait les plus belles victoires. Grâce à eux, vous façonnerez vos propres stratégies et aurez à votre tour votre Austerlitz et votre Iéna.

La défense passive

Le jeune Thierry Gagnon vient d'être embauché. Tout frais émoulu d'une école de commerce, il vient de passer trois ans à justifier l'achat de son diplôme. Il est arrogant, plein d'énergie, ambitieux, bref il a tout pour plaire à la direction. Il a repéré dès son arrivée, à vos yeux fatigués et à votre mine chiffonnée, que vous évincer ne lui demandera pas beaucoup d'efforts.

C'est ici que votre expérience de l'entreprise et votre roublardise entrent en jeu. Le jeune gommeux souhaite prendre des responsabilités ? Parfait, envoyez-le au casse-pipe. Le moindre dossier bancal, mal ficelé ou encore planté d'avance, c'est à votre jeune « protégé » que vous allez le confier. Donnez-lui des informations parcellaires, floues (pas erronées, votre félonie éclaterait alors au grand jour), et omettez les détails indispensables, les petits trucs qui font gagner du temps, la liste des interlocuteurs auxquels il faut s'adresser, etc. Laissez-le ensuite mariner dans son jus. S'il est vraiment arrogant ou s'il est timide, il ne viendra pas vous voir lorsqu'il se trouvera dans une impasse. Il tentera de régler ses problèmes tout seul, et se vautrera lamentablement.

Ne jubilez pas! Veillez à conserver une attitude apparemment bienveillante à son égard. Dites-lui que vous considérez son plantage comme une *« erreur de jeunesse »*, que *« c'est en se trompant qu'on apprend »*, bref, toutes les fadaises auxquelles personne ne croit, mais que tout le monde répète.

Vous vous subordonnez alors le jeune homme. Peu à peu, son assurance va s'émousser, sa morgue se tarir, et il finira par vous considérer comme un allié qui « le couvre » lorsqu'il fait des erreurs. Vous gagnez sa loyauté (cela dit, pas pour longtemps) et avez éliminé un concurrent potentiel (pas pour longtemps non plus).

Le passage à l'action

Le neveu du DG, un jeune cornichon qui passe sa journée en pause cigarette ou à la machine à café, a tout de l'incompétent irrécupérable. Votre erreur serait de penser que son incapacité à toute forme d'activité professionnelle vous met à l'abri. Entre deux cigarettes, entre deux cafés, il socialise et est bientôt à tu et à toi avec tout le personnel. Les gens le trouvent sympathique, toujours disponible pour tailler le bout de gras, toujours souriant. Il fait mine de s'intéresser aux petites histoires de chacun, meublant ainsi ses heures de travail à peu de frais. Il est poli, a reçu une bonne éducation et l'on dit de lui que c'est un garçon simple qui jamais ne vous jette à la figure son lien de parenté avec l'un des cadres dirigeants de l'entreprise. Peu à peu, dans l'inconscient collectif, le jeune homme va devenir un salarié comme un autre, mais en plus sympathique puisqu'il semble ne rien viser, ne montrer aucune ambition particulière. Bref, il n'apparaît comme une menace aux yeux d'aucun de vos collègues. Pourtant, son simple code génétique lui donne un droit inaliénable à vous évincer de votre poste du jour au lendemain. Vous ne pouvez laisser s'installer la menace qu'il représente.

Surtout, ne cherchez pas à le critiquer auprès de vos collègues. Vous passeriez pour un mesquin, un jaloux, et un pauvre type effrayé à l'idée de se voir souffler son job. Le garçon est gentil, vous le dites à qui veut l'entendre. Vous ajoutez que, professionnellement, « *il a encore une belle marge de progression* ». Vous pouvez employer cette expression en arborant un sourire à la fois ironique, bienveillant et paternaliste. N'hésitez pas à dire du bien du jeune homme tout en l'infantilisant au maximum. Vous l'aimez bien, ce « *petit gars* », il doit « *faire ses expériences* ». « *Il fait son travail, il prend les choses PLUTÔT à cœur* », « *Il est obligé de partir un peu tôt le soir, parce qu'il répète avec son groupe de rock.* » Bref, en donnant le sentiment d'avoir de la sympathie pour le jeune homme, vous ne cessez de le faire passer pour irresponsable et immature. Sa réputation va s'affermir (et se ternir) au fur et à mesure que le temps passe. De plus en plus, il sera vu comme un gamin qui glande (ce qu'il est en réalité) et cette image lui collera à la peau jusqu'à imprégner la direction, qui finira par lui créer un poste à sa mesure, lui offrant de s'occuper à mi-temps de la maintenance du site Internet de l'entreprise que personne ne consulte jamais.

L'arme fatale

Vous sentez que le jeune que l'on a collé sous votre responsabilité est en train de menacer très sérieusement votre position. Dans un tel cas, il n'est plus temps d'entamer un travail de sape de longue haleine. Il vous faut agir, et vite. Vous devez quitter les tranchées et vous engager dans une offensive, baïonnette au canon. Ayez recours à une technique aussi imparable qu'immorale (mais dans le cas présent, vous n'avez plus le temps pour l'éthique ou la moralité) : l'histoire de fesses. C'est bas, c'est lâche, et vous risquez d'avoir du mal à vous regarder dans une glace pendant quelques jours, mais vous avez un pavillon à rembourser, et un vélo à roulettes et une console de jeux à acheter pour Noël.

Le jeune fraîchement arrivé dans une entreprise ne manquera pas de jauger son potentiel de séduction auprès du personnel de l'autre sexe employé par la société. Il ou elle n'y peut rien, c'est un réflexe. Il ou elle vient tout juste de quitter l'école, ses hormones sont en effervescence. Il ou elle est persuadé(e) d'être au maximum de ses capacités sexuelles (ou de séduction), et compte bien en profiter avant d'atteindre la trentaine qu'il ou elle considère comme l'âge du déclin.

Voyez comme il tourne autour des stagiaires et des secrétaires, voyez comme elle minaude en présence des chefs et autres directeurs.

Votre tactique : la complicité. Par des allusions détournées ou des questions indirectes, durant les déjeuners et les pauses-café, amenez votre jeune rival(e) à vous voir comme un camarade et comme un confident.

« Pas mal, la nouvelle stagiaire du service achats, hein ? »
« Quel séducteur, ce Jean-Luc ! Quelle femme dans cette boîte n'a pas tout fait pour pouvoir déjeuner en tête à tête avec lui à la cantine ! »

Ajoutez-y un sourire complice, il ou elle en sera ravi(e) et pensera que vous êtes un peu comme lui ou elle, mais avec un potentiel sexuel (ou de séduction) moins élevé.

« Sans blague, la contrôleuse de gestion te plaît ? Tu sais qu'elle est célibataire ? Elle a vraiment l'air de se chercher un homme… Tu as tes chances. D'autant qu'elle a l'air de t'avoir à la bonne, elle m'a parlé plus d'une fois de toi… »

« Sans blague, le directeur du service commercial te plaît ? Tu sais qu'il est marié ? À ce qu'on dit, il dort toujours avec une femme, mais c'est rarement la sienne. Ne tombe pas dans le panneau. Je l'ai déjà vu en train de te dévorer des yeux… »

Il n'est pas difficile de deviner la suite. La passion de jouer de son charme de l'une et l'activité hormonale décuplée de l'autre les pousseront tous deux à déployer des trésors d'inventivité pour s'approcher de la cible que vous leur aurez désignée. Au besoin, ils feront même des heures sup pour faire votre boulot à votre place et se dépêcher d'aller le porter aux heureux élus. Lesquels ne seront que trop heureux de se voir ainsi courtisés, et auront bien du mal à ne pas le crier sur tous les toits.

Dès lors, vous ne pouvez qu'être gagnant. Si une histoire de fesses se produit, vous n'aurez plus qu'à l'ébruiter pour fissurer définitivement la réputation de votre jeune rival. Avec, certes, quelques dommages collatéraux, puisque la réputation du courtisé qui aura craqué en sera également ternie. Mais est-ce que ça vous regarde ? Dans l'hypothèse contraire, votre rival se fait sèchement éconduire, voire, avec un peu de chance, accuser de harcèlement moral. Vous pouvez dormir tranquille : la menace est écartée.

Cas particulier : vous avez déclenché une *love story*

C'est le cas boomerang, où votre stratégie s'avère infructueuse. Les tourtereaux que vous avez jetés dans les bras l'un de l'autre se marient et ont beaucoup d'enfants. Ce qui ne peut qu'accélérer la promotion de votre rival, à vos dépens. Dans votre aigreur, ne perdez toutefois pas de vue que vous avez été l'instigateur de cette *love story*. Malgré votre dégoût, sachez conserver ce rôle d'agent matrimonial. Si ceux dont vous avez fait des amants ne sont pas de vils et égoïstes ingrats, ils sauront peut-être, tôt ou tard, vous renvoyer l'ascenseur.

CHAPITRE 3

MARCHE AU PAS ET LIT AU CARRÉ : techniques de contournement

La **normalisation des tâches** au sein d'une entreprise et de votre emploi est un pur instrument de coercition, mais également un instrument d'évaluation. Une tâche normée, standardisée, permet de comparer aisément deux des sous-fifres qui s'en acquittent. Aussi, à un même poste, sous couvert d'homogénéisation et d'accroissement de la productivité, le but est tout bêtement d'évaluer les différences interindividuelles entre les salariés.

Grâce à ce système plutôt génial, il ne reste plus à votre directeur des ressources humaines qu'à cocher (sans se fatiguer) des cases dans une **grille d'évaluation** mise au point avant votre **entretien de fin d'année**. Vous savez, ce moment irrésistible où l'on déplore chaque année l'insuffisance de vos performances tout en vous félicitant de vos efforts, avant de vous confirmer la prorogation du gel des salaires : cette année, vous n'aurez pas non plus d'augmentation.

Votre motivation étant ce qu'elle est (tout comme votre salaire), vous êtes bien conscient que vous ne faites guère d'étincelles. Vous faites votre travail. Simplement. Voire mollement. Aussi, toute mise en concurrence revient pour vous à une véritable mise en danger. En effet, nombre de vos vaillants collègues font ce que vous faites mieux que vous (même s'ils n'obtiennent pas non plus d'augmentation). Le problème est clair : il vous faut à tout prix échapper à la grille d'évaluation, un ennemi implacable qui pourrait bien vous être fatal lors de la prochaine charrette. C'est donc une véritable stratégie d'évitement qu'il vous faut mettre en place.

Cette circonstance délicate exigera de vous une finesse, une ruse, voire une roublardise dont vous ne faites que rarement preuve dans votre cadre professionnel. Vous devez impérativement privilégier les approches efficientes, c'est-à-dire les stratégies qui font de vous un élément spécifique de l'entreprise, une sorte de pivot contre lequel les tentatives de rationalisation et d'évaluation sont vouées à l'échec. Grâce à ces tactiques qui brouillent les pistes, personne n'osera prendre la responsabilité de vous inscrire sur la prochaine charrette : si les **erreurs de recrutement** sont légion, les **erreurs de licenciement** ne sont pas moins rares, ni moins redoutées.

Approche efficiente n° 1 :
le brouillage temporel
ou l'art de donner l'illusion
que vous avez la maîtrise du temps

C'est la technique la plus efficace pour parvenir à devenir totalement illisible tout en donnant à votre hiérarchie le sentiment de répondre avec entrain à sa demande.

Votre patron, votre supérieur hiérarchique, ou toute personne exerçant une forme d'autorité sur vous au sein de l'entreprise, se donnent pour tâche, entre autres (mais le « entre autres » est peut-être de trop) d'organiser votre temps de travail. En d'autres termes, ils en investissent la durée. Ils peuvent effectuer un contrôle et intervenir ponctuellement sur votre planning, puisqu'ils en ont la maîtrise (par le châ-timent, la correction, voire l'élimination franche et directe). Leur but pur et simple est de ramasser votre dispersion temporelle naturelle pour en faire un profit, optimisant ainsi votre temps. Cette forme de pouvoir, qui s'articule sur le temps, en assure le contrôle et en garantit l'usage.

C'est compliqué, mais c'est vrai.

Aussi, vous devez faire en sorte de résister autant que possible à cette emprise qu'a le pouvoir sur votre temps de travail.
Arriver en retard et partir en avance représente un type de résistance réel, noble et digne, mais ne fait pas partie des techniques appropriées en vue de la conservation de l'emploi. Cette résistance-là s'apparente plus à celle des situationnistes, qui préconisaient de ne jamais travailler. Certes, la chose est tentante, et si vous êtes dans cet état d'esprit (et confortable-ment nanti de *stock-options*), vous pouvez reposer ce livre, car vous êtes enfin libéré de toutes les chaînes qui entravent la plupart de vos congénères.

Bref, votre manière de gérer votre dispersion temporelle va conditionner votre maintien dans l'entreprise ou votre sortie définitive de toute forme d'activité productive.
Soyons réalistes, ne demandons pas l'impossible (rappelez-vous que Mai 1968 a définitivement été aboli en mai 2007). La meilleure façon de devenir illisible aux yeux de votre hié-rarchie est de ne pas vous conformer strictement aux horaires qui vous sont assignés. Aussi, et dans la mesure où vous n'êtes pas contrôlé par une sordide pointeuse, vos horaires doivent être relativement irréguliers. Une fois ou l'autre, le matin, présentez-vous au bureau avec un peu d'avance, juste le temps de vous installer et d'avoir l'air en pleine bourre au moment où votre chef débarque à son tour. À l'heure où il

en sera encore à prendre son café, ce breuvage qui constitue un sas indispensable entre les brumes matinales et la mise en marche des fonctions productives, vous, vous serez déjà en plein travail, donnant ainsi le sentiment que vous gérez votre temps vous-même.

Nota :

Avant de mettre en œuvre cette technique de brouillage, vérifiez bien que votre chef n'est pas en réunion à l'extérieur le matin dit. Pas la peine de vous pointer un quart d'heure en avance s'il n'est pas là pour s'en rendre compte.

Si, lorsqu'il arrive, votre supérieur a l'air surpris de vous voir, levez à peine les yeux de l'imposant dossier que vous êtes en train de compulser et dites : « *Un détail du dossier Ponion&Thunes m'a turlupiné toute la nuit. Je n'arrivais pas à dormir. Du coup, je suis venu vérifier.* »

En compensation (loin de nous l'idée de vous faire passer plus de 35 heures hebdomadaires au bureau), arrivez avec un peu de retard certains matins, sans vous excuser de quoi que ce soit, comme si cela était parfaitement naturel. Attention toutefois à ce que cela ne devienne pas une habitude, sans quoi vous risqueriez de ne plus avoir nulle part où arriver en avance ni en retard.

Le cas échéant, restez un peu plus tard en fin de journée. Faites ça le vendredi, et, avec un peu de chance, vous partirez après votre chef de service, qui ne veut pas se retrouver coincé dans les embouteillages sur la route de Deauville. Il pourrait même en venir à vous bafouiller des justifications incohérentes et parfaitement fausses avant de partir, se sentant un peu humilié d'avoir à quitter son poste avant un sous-fifre.

Autre élément important, ne vous conformez pas aux horaires de déjeuner. L'attitude qui consiste à vous précipiter à la cantine dès 12 h 30 sous prétexte que vous craignez de ne plus trouver d'œufs mayonnaise doit être définitivement bannie. N'hésitez pas à partir après les autres en clamant haut et fort que vous préférez terminer ce que vous êtes en train de faire avant d'aller déjeuner. À l'inverse, vous pouvez de temps à autre quitter votre bureau avant tout le monde, sous prétexte que vous aurez besoin d'un long après-midi pour vous concentrer sur les arcanes du dossier Ponion&Thunes.

Le soir, ne croyez pas que le fait de partir en dernier tous les jours sera porté à votre crédit. Cela ne sert à rien. D'abord, il n'y a que vous pour vous voir partir. Ensuite, très rapidement, tout le monde trouvera vos horaires tout à fait normaux, et chacun se dira en son for intérieur que si vous restez si longtemps au bureau, c'est que vous n'avez pas de vie à côté, ou alors pas intéressante. Et pour finir, s'il vous arrive de rentrer chez vous à une heure décente, votre chef vous demandera si vous prenez votre après-midi. Donc, contentez-vous de jouer les prolongations de temps en temps. Expliquez à qui veut l'entendre que vous ne supportez pas de suspendre une tâche avant qu'elle soit bien bouclée, et retirez-vous dans votre bureau pour une bonne partie de Tetris ou de démineur.

Mais parfois, vous quitterez le travail avec un quart d'heure d'avance. Dans ce cas, passez la tête dans le bureau de votre supérieur et lancez-lui : « *Je viens de boucler le dossier Ponion&Thunes, je vous propose de faire le point dès demain matin.* » Le lendemain matin, bien évidemment, vous faites en sorte d'arriver le premier : votre chef ne pourra rien vous dire.

Ainsi, en ne vous conformant pas aux horaires imposés par la société, en brisant le cycle infernal de ce que l'on appelle la **micro-pénalité du temps**, vous donnez, à moindres frais, l'impression que vous gérez vous-même votre temps et votre travail, que vous êtes un salarié adulte et responsable (une espèce de plus en plus rare). Cette attitude risque d'agacer quelque peu au début, mais rapidement vos collègues s'y feront et finiront par nourrir une forme de respect pour les libertés que vous prenez. Vous êtes à part, concerné par ce que vous faites, autonome. Bref, un bon élément.

Approche efficiente n° 2 : le brouillage des tâches ou comment donner le sentiment que vous adoptez vos propres méthodes de travail

Nous l'avons dit, le pouvoir en entreprise a pour objectif principal de normer vos méthodes de travail afin de gagner en productivité et de pouvoir vous évaluer, vous corriger (en cas de besoin), et vous taper sur les doigts (pour le plaisir). C'est une conception du pouvoir qui remplace la loi à appliquer par l'objectif à atteindre. Plutôt que de vous réprimer par l'interdit et la coercition, la direction vous impose une tactique qui vous oriente, vous canalise.

C'est alors qu'apparaît le fantasme de la norme. L'étalonnage universel permet le calcul d'une moyenne, qui prend fonction de norme. Les individus situés en dessous de cette moyenne sont marginalisés. Dans le même temps, il se développe une fascination pour le dépassement de cette norme.

Pour vous donc, pas de choix. Si vous aviez dû un jour dépasser la norme, ce serait déjà fait. Au mieux, vous vous situez dans la moyenne. Au pire, vous êtes en dessous. Autant dire que le risque est grand de vous retrouver à la porte suite à une évaluation.

Aussi, il vous faut trouver un moyen de vous acquitter des tâches qui vous incombent sans pour autant appliquer bêtement les méthodes qui vous sont habituellement imposées. N'allez toutefois pas jusqu'à questionner les protocoles mis en place par votre chef. Il ne sait pas vraiment pourquoi il faut que la photocopie du contrat soit agrafée au dossier et archivée dans l'ordre alphabétique plutôt que chronologique, mais c'est comme ça qu'il a appris, et c'est comme ça qu'il fait. D'ailleurs, son diplôme d'école de commerce, son mastère et son MBA témoignent du fait qu'il sait où il va. S'il applique une méthode, c'est que c'est la bonne. Il vous trouverait très cavalier, ou même franchement présomptueux, si vous osiez poser des questions, voire proposer une façon de procéder alternative, plus simple et plus compréhensible par tous.

Ce n'est donc pas de ce côté-là qu'il faut chercher. En revanche, le salarié moyen s'acquitte des tâches qui lui incombent en suivant un protocole précis, souvent hérité d'une lointaine ère préinformatique et prénumérique, et souvent daté, ou vide de sens, ou simplement démodé. Il ne sait pas trop pourquoi il faut faire comme ça, si ce n'est que c'est ce qu'on lui a montré lorsqu'il est arrivé, et qu'il n'a jamais cherché à voir s'il y avait moyen de faire autrement.

Le diable est dans les détails, dit-on. Au contraire, c'est dans les détails que se trouve votre salut. Les petites choses que tout le monde fait comme tout le monde doivent être bannies de votre quotidien. Plutôt que de demander le coup de tampon réglementaire à la fin de la journée, allez déranger votre chef plusieurs fois par jour pour obtenir le précieux aval. Dites que vous n'aimez pas que les dossiers attendent avant d'être classés, ou lancés dans la tuyauterie.

<u>Exemple :</u>

Le dossier Desbricks&Desplacks doit passer entre les mains du comptable avant d'être transféré à la direction financière. L'opération se fait de manière tout à fait routinière, presque magique. Pour vous, le dossier Desbricks&Desplacks est totalement fractionné, votre intervention se borne à de vagues mais ennuyeuses broutilles, et le dossier suit tranquillement son cours sans que vous ayez à vous en soucier. Mais c'est là que votre initiative peut s'avérer payante (pour vous). Modifiez en douce le parcours des dossiers dans les différents services.

Lorsque vous apportez le dossier au comptable, vous demandez :

« Dites voir, Lechiffre, combien de temps vous faudra-t-il pour viser le dossier Desbricks&Desplacks ? Ça fait un moment que la direction financière attend nos conclusions sur cette affaire… »

Le comptable, un peu surpris, commence par répondre de manière évasive (il a des recherches urgentes à faire sur Internet, car il souhaite acheter une caravane d'occasion et a prévu de passer la matinée à comparer les mérites d'une Bürstner en bon état et ceux d'un modèle plus ancien, mais qui se déplie tout seul, de chez Quechua). Tenez bon, demandez-lui une réponse précise. De guerre lasse, il choisira de boucler l'affaire dans la matinée. Soupirant intérieurement, il se dira qu'il préfère se débarrasser rapidement du fâcheux que vous êtes, et avoir ainsi l'après-midi tranquille pour effectuer ses recherches. Lorsque vous récupérez le précieux document, passez un quart d'heure à le feuilleter à votre bureau, l'air pénétré, puis portez-le vous-même, triomphant, à la direction financière.

Premier avantage, vos dossiers seront toujours bouclés avant ceux des autres, puisque vous les faites traiter en priorité. Ensuite, vous donnez le sentiment de prendre les choses en main, et d'être très concerné par votre travail. Multipliez ce type d'indices, secondaires mais à effet flou garanti. Votre évaluation n'en devient que plus complexe. Vous ne faites pas les choses comme tout le monde, mais vous donnez l'impression d'en faire plus. La marche au pas et le lit au carré, bref, la norme, ne sont pas pour vous : vous êtes parvenu à être plus fort qu'eux.

Approche efficiente n° 3 : le brouillage technique ou la stratégie environnementale par le suréquipement

Le principe : votre bureau est encombré d'objets susceptibles de vous servir dans votre travail. Mais pas n'importe lesquels. Soyez suréquipé : le *high-tech* et le *multi-tasking* sont la clé de tout.

Un exemple simple : la calculatrice

Globalement, cet outil vous sert à effectuer quelques additions de base et, à chaque fin de mois, à vérifier votre fiche de salaire pour vous assurer que votre employeur ne vous arnaque pas. Un outil fort anodin, en somme. Du reste, la calculette fournie dans les applications de votre téléphone mobile ou dans votre ordinateur vous suffit largement…
C'est là que vous faites erreur. Vous devez impressionner vos collègues, montrer qu'il se passe des choses importantes à votre bureau, en faire un centre décisionnel incontournable, une salle de calcul, le Pentagone de votre entreprise.

Vous devez faire dans le clinquant, impressionner les collègues (et vos supérieurs). Ayez toujours, bien en évidence sur le bureau, une véritable calculatrice. Pas un de ces outils de troisième catégorie que vous achetez pour une bouchée de pain dans une foire à tout. Il vous faut du matériel de précision, une machine suffisamment puissante pour programmer l'envoi d'un engin spatial sur la Lune.

Nota :
Pensez à salir les touches de votre calculatrice high-tech, afin de bien faire voir à quel point elle vous est utile au quotidien.

N'oubliez pas que le moindre détail peut concourir à élaborer cette image brouillée de vos fonctions, cette image protectrice qui vous maintient à l'écart des velléités de normalisation qui s'emparent de tout chef ayant eu une digestion difficile : classeurs de codes, catalogues détaillés, tableaux Excel affichés sur votre écran ou, mieux, alignés sur votre mur, appareils de reliure, d'agrafage, de cuisson, broyeuse à papier, imprimante nucléaire, thermomètre, baromètre, potentiomètre, anémomètre, compteur Geiger...

L'aspect high-tech de votre environnement provoquera un véritable halo, une barrière défensive autour de votre territoire. Impressionnés, vos collègues se garderont bien de lorgner votre poste, qui semble si complexe et si important. Ils préféreront vous laisser faire le sale boulot. Et votre job, considéré comme un cas particulier, ne fera jamais l'objet de la moindre évaluation.

CHAPITRE 4

LA GUERRE DE MOUVEMENT
ou comment survivre à un
chamboulement dans l'organigramme

À moins que vous ne sévissiez dans une administration où les **changements d'organigramme** sont peu fréquents (les chefs de service le restent tout au long de leur carrière professionnelle), il ne sera pas rare dans votre carrière que vous ayez à survivre au tsunami d'un bouleversement de l'organigramme.

Tsunami qui peut se produire à différentes échelles, et survenir dans différentes circonstances.

**Le chamboulement dans l'organigramme :
circonstances habituelles**

• plan social ou réorganisation suite à l'intervention d'un cabinet de conseil donnant des conseils de cabinet ;

• arrivée d'un nouveau PDG qui se fixera pour mission d'imprimer sa griffe sur l'entreprise, de casser les solidarités qui existaient avant son arrivée afin de prévenir toute résistance à une autorité qu'il se doit d'imposer ; cela avant de s'enfuir en emportant ses stock-options, son parachute doré, sa retraite-chapeau, ainsi qu'une batterie entière de couverts de la cantine ;

• chamboulement de l'organigramme suite à une démission, un congé maternité, un décès ou un suicide.

Quoi qu'il en soit, pris dans ces tourmentes qui se succèdent, voire se superposent, votre survie dépend de votre capacité à vous adapter au nouvel organigramme, à chaque fois qu'il est modifié. En effet, si vous paraissez ne pas vous soucier des changements et continuez votre petit bonhomme de chemin, vous acquittant de vos tâches avec ce zèle modéré qui fait votre spécificité et votre charme, votre image risque d'en prendre un coup. Vous paraissez poussiéreux, enfoncé dans des pratiques immuables et l'on ne manquera pas de vous traiter de « fonctionnaire », ce qui dans le monde de l'entreprise privée est l'insulte suprême, l'opprobre assuré.

Vous objecterez qu'il vous semble parfaitement normal de vous comporter de façon semblable, à partir du moment où l'on vous demande de faire la même chose. Parce que c'est souvent ce qui se passe. La personne qui vous donne des ordres a changé, le style aussi, un peu, mais pour autant, vos attributions sont trop négligeables pour que l'on vous demande de modifier votre façon de travailler. Nous vous objecterons à notre tour que si vous voulez rester à patauger dans votre marasme habituel, votre petitesse quotidienne et mesquine, grand bien vous fasse ! Mais ne nous demandez plus notre avis, puisqu'il ne vous intéresse pas.

La technique du train d'en face ou comment faire croire au mouvement alors que vous êtes statique

Lorsque débarque un nouveau chef de service, un nouveau directeur, un nouveau patron, prenez les devants. Demandez à le rencontrer. Il arrive que certains cadres prennent la peine de mettre en place une série d'entretiens personnalisés avec chacun des futurs sous-fifres qu'il sera amené à engueuler. Mais plus généralement, les nouveaux chefs se contentent d'une petite adresse aux troupes, une fesse posée sur un bureau, le vôtre la plupart du temps, au cours de laquelle ils alignent les banalités habituelles (« *relation de confiance* », « *ma porte vous est ouverte* », « *je vais vous demander beaucoup* », « *nous sommes une équipe* », etc.), et qu'ils concluent d'un claquement de main sonore et d'un « À présent, au boulot ! ».

Donc, allez frapper à sa porte et demandez-lui quand il peut vous recevoir. À moins d'être parfaitement vache ou d'avoir été nommé pour liquider votre service, il vous invitera à venir vous asseoir afin de faire quelque peu connaissance.

C'est à vous de jouer. Sans baver sur son prédécesseur (ou alors pas trop, mieux vaudra tâter le terrain d'abord), souhaitez-lui la bienvenue et interrogez-le avec enthousiasme sur les procédures qu'il désire mettre en place. Quels changements il aimerait apporter au sein du service. Il vous répondra à coup sûr qu'il a besoin de mieux en connaître le fonctionnement pour pouvoir l'analyser et le modifier. Soyez certain qu'il n'en fera rien et qu'il se contentera de mettre ses pas dans les pas du chef de service qu'il a remplacé.

Mais de votre côté, vous avez donné l'impression que vous avez vu en lui la promesse d'un souffle nouveau, l'occasion de faire bouger les choses. Cela le valorisera, ne vous prendra pas plus de cinq minutes, et la première image que le chef aura de vous sera bonne – à moins toutefois que votre réputation ne vous ait précédé.

Les modifications d'organigramme peuvent également amener de mauvaises surprises. Il arrive que le nouveau dirigeant décide de faire bouger les choses en vrai, et qu'il distribue des responsabilités nouvelles. Ici, vous n'avez pas le choix, **la guerre de mouvement** demande des sacrifices. Vous devez vous porter volontaire, ou du moins faire semblant. La meilleure stratégie consiste à postuler à une responsabilité pour laquelle vous n'avez évidemment pas de compétence. De cette façon, vous vous assurez que votre train-train quotidien ne sera pas bousculé (puisque vous n'obtiendrez pas ces nouvelles responsabilités), et vous passerez pour une personne ambitieuse qui ne recule pas devant l'obstacle.

Nota :

Attention cependant au retour de boomerang. Il se pourrait que le nouveau chef de service vous apprécie trop ou vous prenne au pied de la lettre, et décide de s'appuyer sur vous pour manager son équipe. Vous hériteriez alors de nouvelles responsabilités, donc de nouveaux problèmes.

En théorie, c'est bon pour vous, mais vous risquez d'atteindre rapidement votre seuil d'incompétence, ce qui pourrait se voir. Cela dit, si vous appliquez les nombreuses techniques proposées dans le présent ouvrage, vous devriez pouvoir vous en sortir en faisant porter le chapeau à vos collègues. Et ce, d'autant plus facilement que vous serez devenu la courroie de transmission entre eux et la hiérarchie.

Effacer le chef direct ou la stratégie du saute-mouton

Lorsque les bouleversements au sein de l'entreprise se situent à un niveau trop élevé pour que vous soyez concerné (de l'ordre de votre n+3 ou plus), ne faites pas l'erreur de penser que vous êtes protégé. Seule différence : ce n'est pas auprès de votre n+1 que vous devez aller vous enquérir des changements probables, mais auprès de votre n+2 (le chef de votre chef, pour ceux qui n'auraient pas encore intégré cette notion pourtant simple).

Ici, pas question de prendre rendez-vous. Aucune raison particulière pour que les changements vous affectent, aucune raison particulière, donc, pour que vous ayez à en discuter avec votre n+2. Avec un peu de chance, il sait comment vous vous appelez – certains chefs s'imaginent qu'ils aiment rester en contact avec la base, et d'autres savent lire les badges sans que leur interlocuteur s'en aperçoive. Dans le cas contraire, il vous demande dans quel service vous œuvrez à chaque fois qu'il vous rencontre ; mais ce n'est pas grave car, dans tous les cas, vous parviendrez à lui parler.

Car c'est là qu'entre en jeu le lieu hautement stratégique, point nodal de toute entreprise moderne, nous avons nommé : **la machine à café**. C'est le seul endroit où vous pourrez coincer ce personnage très occupé. Lorsque vous l'abordez, n'ayez pas l'air inquiet : il pourrait penser que le bouleversement dans l'organigramme vous préoccupe pour des raisons triviales (votre emploi, vos vacances ou votre écran plasma). Au contraire, prenez un air dégagé et interrogez-le d'une façon qui se veut informelle. Vous ne prétendez pas entrer dans le secret des dieux, mais vous manifestez votre intérêt pour ce qui est en train de se produire, pas pour vous-même, non, mais pour l'entreprise : quelles perspectives nouvelles ces changements vont-ils apporter ? Permettront-ils d'optimiser le fonctionnement des différents services ? Y a-t-il une façon pour vous de vous rendre utile, de contribuer au changement, d'être partie prenante dans les révolutions à venir ?

Si vous parvenez à ce que votre n+2 retienne votre nom pour autre chose que pour se plaindre auprès de votre n+1 que vous lui avez tenu la jambe, c'est gagné : vous avez une chance qu'il lui prenne envie de le rayer lorsqu'il aura sous les yeux la liste des heureux lauréats de la prochaine charrette.

Bouleversements horizontaux ou la technique du « c'était lui ou moi »

C'est justement cette charrette, celle qui suit immédiatement l'arrivée d'un nouveau dirigeant, que vous devez éviter. Votre service est généralement considéré comme pléthorique (même si vous n'êtes que deux sous-fifres à vous appuyer le boulot de cinq personnes qualifiées) et nécessite un dégraissage afin d'en optimiser le rendement.

En effet, les bouleversements dans l'organigramme s'accompagnent souvent d'une réduction des effectifs. La situation est alors extrêmement critique. Si vous êtes veinard ou si vous avez de l'ancienneté, on vous reléguera éventuellement dans un placard (qui n'est, vous en êtes conscient, que l'antichambre du Pôle emploi) ; en dehors de ces cas particuliers, vous avez une chance sur deux (la crise n'a pas encore atteint son acmé, qui verra cette proportion s'approcher de plus en plus des deux chances sur deux) de décrocher un ticket de sortie express sans passer par la case dédommagement.

Seule solution : vous débrouiller pour être intégré dans le nouvel organigramme. Ce qui se fera nécessairement aux dépens de vos collègues (imaginez une sorte de jeu de chaises musicales, avec deux chaises et trente participants équipés de gants de boxe). Affichez devant vos chefs votre polyvalence (vous maîtrisez parfaitement la photocopieuse ET le patois cévenol ET tapez avec plus de deux doigts), proposez de nouveaux agencements ou des ajustements, mettez sur pied de nouveaux projets, prospectez votre marché à fond – du moins le temps que la tourmente soit passée, après quoi vous pourrez reprendre votre train-train quotidien, voire récupérer vos heures supplémentaires en RTT.

Nota :
Le bouleversement de l'organigramme, cas d'école par excellence.
Tous les spécialistes en conviennent : le bouleversement de l'organigramme assorti d'une charrette et d'une réorganisation est un véritable cas d'école, une situation à haut risque vers laquelle confluent les diverses techniques exposées dans le présent manuel. Une situation aussi délicate solliciterait toutes vos compétences, toute votre capacité de survie, ainsi que des trésors de tactique, de roublardise et de vacherie. En dépit de nos conseils éclairés, il n'est pas dit que vous réussirez à vous en sortir. Peut-être à cette heure votre nom figure-t-il en bonne place sur la liste de la prochaine charrette.
Sachez dans ce cas que nous déclinons toute responsabilité. Si nos méthodes, pourtant éprouvées, ne permettent pas de vous sauver, c'est que vous étiez insauvable. Inutile de venir nous réclamer des remboursements : *c'est la crise*, et, par les temps qui courent, nous ne pouvons pas nous permettre ce genre de largesses.

CONCLUSION

Votre apprentissage est à présent terminé. Vous pouvez aller en paix et dormir sur vos deux oreilles. Vous êtes désormais prêt à l'épreuve du feu, au moment de vérité, vous pouvez monter au front sans inquiétude, la fleur au fusil.

Votre patiente lecture vous aura probablement mobilisé durant un certain nombre de pauses-café, vous faisant peut-être même rater plusieurs épisodes de *Joséphine, ange gardien*. Mais soyez convaincu que le jeu en valait la chandelle. Considérez votre imprévoyant collègue, qui a préféré consacrer ses soirées à la « Nouvelle Star » et à son jury de DRH plutôt qu'à compulser utilement cet ouvrage. La charrette arrive : d'ici peu, il aura tout le loisir d'assister aux rediffusions en journée.

TABLE

Le Livre de Poche s'engage pour
l'environnement en réduisant
l'empreinte carbone de ses livres.
Celle de cet exemplaire est de :
250 g éq. CO_2
Rendez-vous sur
www.livredepoche-durable.fr

PAPIER À BASE DE
FIBRES CERTIFIÉES

Composition réalisée par DATAGRAFIX

Achevé d'imprimer en août 2012, en France sur Presse Offset par
Maury-Imprimeur – 45330 Malesherbes
N° d'imprimeur : 174782
Dépôt légal 1re publication : septembre 2012
LIBRAIRIE GÉNÉRALE FRANÇAISE – 31, rue de Fleurus – 75278 Paris Cedex 06

31/6622/0